Learn Norwegian
Parallel Text
Easy Stories
Norwegian - English

Copyright © 2015
Polyglot Planet Publishing

www.paralleltext.eu
book@paralleltext.eu

About this book

Learning Norwegian with parallel text is the most rewarding and effective method to learn a language. Existing vocabulary is refreshed, while new vocabulary is instantly put into practice. The Norwegian grammar easily sinks in through our cleverly written and well formatted stories. Each sentence has been translated line by line making it easy to follow.

Learn Norwegian with Parallel Text Recommended for beginners with a good basis of Norwegian-, intermediate level learners and as a refreshers course. Our easy to moderately hard stories contain European culture and characters. The stories have been written to keep the readers attention and are fun to read for you to learn through your motivation.

This book is part of the Learn Norwegian - Parallel Text Series:

Learn Norwegian - Parallel Text - Easy Stories

Learn Norwegian II - Parallel Text - Short Stories

Table of Contents

PARALLEL TEXT

Parallel Text - An adventure in La Tomatina	5
Parallel Text - Eating adventure in Spain	17
Parallel Text - Falling in love in Venice	27
Parallel Text - A kiss in Florence	36
Parallel Text - The strange shops of Spain	46
Parallel Text - Anna and I	56
NORWEGIAN	
Et eventyr i La Tomatina	67
Spise-eventyr i Spania	71
Å bli forelsket i Venezia	75
Et kyss i Firenze	79
De rare butikkene av Spania	84
Anna og meg	88
Recommended Books	92

PARALLEL TEXT

Et eventyr i La Tomatina
An adventure in La Tomatina

Mitt navn er Sean og jeg er 21 år gammel.
My name is Sean and I'm 21 years old.

Jeg er fra New York, men har bodd i Barcelona, Spania i 6 måneder.
I am from New York, but I have been living in Barcelona, Spain for six months.

Jeg studerer spansk litteratur og er veldig heldig som får oppleve dette i Spania.
I'm studying Spanish Literature and I'm very lucky to enjoy this experience in Spain.

Men noen ganger...gærne og morsomme ting skjer, slik som den jeg skal fortelle om i dag.
But sometimes... crazy and funny things happen, like the one that I'm going to tell to you today.

Jeg kom til Spania i mars, og har siden da bodd sammen med noen vennlige gutter og jenter, og deler en nydelig leilighet i sentrum av byen.
I arrived in Spain in March, and I have since been living with some very friendly boys and girls, sharing with them a beautiful apartment in the city center.

Det er en fornøyelse å bo i sentrum av en slik nydelig by.
It is a pleasure to live in the center of such a beautiful city.

Alt er veldig nærme, til og med universitetet. I denne

leiligheten bor jeg med 3 romkamerater.
Everything is very close, even the university. In this apartment I live with three roommates.

Sara er fra Sevilla, hun er 26 år gammel og studerer arkitektur.
Sara is from Sevilla, she's twenty-six years old and studies architecture.

Jose er fra Barcelona, han er 20 år gammel, studerer for å bli sivilingeniør og har en lidenskap for fotball.
José is from Barcelona, he's twenty years old, studies engineering and he is passionate about football.

Og til slutt har vi Andrea, en jente fra syd-Frankrike.
And finally, there is Andrea, a girl from the south of France.

Hennes foreldre er spansk, hun studerer reklame og er også en flamenco-danserinne.
Her parents are Spanish, she studies advertising and is also a flamenco dancer.

Syntes ikke du det er utrolig?
Don't you think that they are incredible?

Vi kommer overens ganske bra og å bo med dem er veldig ukomplisert.
We get along very well and living with them is really uncomplicated.

Kjenner du Barcelona?
Do you know Barcelona?

Det er en av de største byene i Spania og ligger

nordøst i landet.
It's one of the biggest cities in Spain and is located in the Northeast area of the country.

Det er en by ved siden av havet, derfor har det det beste av en storby (diskoteker, store universiteter, butikker å handle i, restauranter, museer), men har alle fordelene av en spansk by som er nærme stranden i Spania (fint vær, sjøen, hundrevis av flotte strender).
It is a city next to the sea, therefore it has the best of a big city (discos, big universities, shops to go shopping, restaurants, museums), but also the advantages of a Spanish city being close to the beach in Spain (nice weather, the sea, hundreds of beautiful beaches).

Også er Barcelona omringet av fjell på alle sider og er veldig nærme Pyreneene, de høyeste fjellene i Spania, hvor du kan stå på ski hele vinteren og om deler av våren.
Also, Barcelona is surrounded by mountains on all sides and it's very close to the Pyrinees, the highest mountains in Spain, where you can ski during the whole Winter and part of the spring.

Det er et sted å være, er du ikke enig?
It is a place to stay, don't you agree?

Våren passerer raskt i Barcelona.
The spring passed quickly in Barcelona.

Jeg var veldig opptatt med studiene og om kveldene spilte jeg fotball med Jose og laget hans.
I was very busy studying and in the evenings I played

football with José and his team.

I Spania er semesteret ferdig i juni.
In Spain, the semester finishes in June.

Jeg stod alle fagene mine med veldig gode karakterer.
I passed all my subjects with very good grades.

Nå hadde jeg hele sommeren foran meg, fullt med planer, nærme stranden og med mange venner å dele tiden min med.
Now, I had the whole summer in front of me, full of plans, near the beach and with many friends to spend my time with.

Attpåtil, i Spania, om sommeren, er det i vær landsby tradisjonelle og populære fester som jeg har hørt om, men mange av dem var veldig merkelig i mitt syn og jeg forstod dem ikke så bra.
Furthermore, in Spain, during the summer, in every village there are traditional and popular parties that I have heard of, but many of them were very strange to me and I didn't understand them very well.

Min venn Jose ringte meg en dag i juli og inviterte meg til en fest i en landsby i Valencia som fant sted i august.
My friend José called me one day in July and invited me to go to a party in a village in Valencia that was going to take place in August.

Han sa at det var den største festen som jeg noen gang har vært på i livet mitt og at jeg kunne ikke gå glipp av det.
He said that it is the biggest party that I have ever

been to in my life and that I couldn't miss it.

eg spurte ham: Hvorfor er denne festen så spektakulær?
I asked him: Why is this party so spectacular?

Men han…sa ikke et ord!
But he…didn't say a word!

Ha sa at det skulle være en overraskelse for meg og at han ville bare fortelle meg navnet på festen.
He said that it is supposed to be a surprise for me and that he will only reveal me the name of the party.

Festen var kalt…Tomatina.
The party was called… the Tomatina.

Så klart, nå til dags finnes det mange nettsider og steder der jeg kan få informasjon om den mysteriøse 'La Tomatina', men min venn tvang meg til å love å ikke gjøre noen forskning om det.
Of course, nowadays there are many websites and places where I could receive information about the mysterious "La Tomatina", but my friend made me promise that I would not do research on it.

Jose kjøpte to bussbilletter and tok dem med hjem.
José bought two bus tickets and brought them home.

Det er slik jeg lærte at den landsbyen der vi skulle til og hvor festen fant sted het 'Buñol'.
That is how I learned that the village where we were going to and in which the party took place was called 'Buñol'.

Endelig visste jeg noe mer om den mysteriøse

sommerfesten som jeg skulle til!
Finally I knew something more about the mysterious summer party to which I was going to go!

Men Buñol var en veldig liten landsby i midten av Valencia.
Buñol was, however, a very small village in the middle of Valencia.

Hva slags 'storfest' kunne foregå i en slik liten landsby?
What kind of "big" party could take place in such a small town?

Mysteriet fortsatte.
The mystery continued.

En uke før festen forklarte Sara, romkameraten min, hva 'tomatina' betydde.
One week before the party, Sara, my roommate, explained to me what "tomatina" means.

'Tomatina' var noe som lignet en liten tomat.
"Tomatina" was something like little tomato.

Hva handlet denne festen om?
What was this party all about?

En fest om å se etter den minste tomaten i verden?
A party looking for the tiniest tomato of the world?

For et rot!
What a mess!

Som du kan forestille deg, på det tidspunktet så jeg frem til å feste, men på samme tid tenkte jeg...hvor i

helvete er jeg på vei?
As you may imagine, at that moment I was looking forward to partying, but at the same time I thought... where the hell am I heading?

På 'Tomatina'-dagen våknet vi tidlig...kl 3 om morgningen!
The day of the "Tomatina" we woke up very early... at three o'clock in the morning!

Vi hadde frokost ganske kjapt og skyndte oss ned til busstasjonen.
We had breakfast very quickly and we hurried to the bus station.

Det var mange unge studenter som oss, hundrevis og hundrevis, ventende på busser til Buñol.
There were a lot of young students like us, hundreds and hundreds, waiting for buses to Buñol.

Vi satt oss ned for å vente på bussen vår og jeg kunne snakke med en jente fra Frankrike.
We sat down to wait for our bus and I could talk to a girl from France.

Hennes navn var Anne og hun fortalte meg at Tomatina var den beste festen hun noen gang hadde vært på i livet hennes.
Her name was Anne and she told me that the Tomatina was the best party she had ever been to in her life.

Og at denne...var det tredje året på rad at hun reiste til Bunos for å være der for Tomatina.
And that this one... was the third year in a row that

she travelled to Buños to be there for the Tomatina.

Jeg snakket med Anne en stund.
I was talking with Anne for a while.

Hun snakket ikke spansk og engelsken hennes var veldig rar – hun hadde en veldig morsom fransk aksent når hun snakket engelsk – men hun var veldig snill.
She didn't speak Spanish and her English was very weird – she had a funny French accent when she talked in English – but she was very nice.

Og hun var veldig vakker, blond, med lys hud og grønne øyner.
And she was very beautiful, blond, with very fair skin and green eyes.

Men, vi måtte avslutte praten, fordi hennes buss var nr 18 og min var nr 8.
However, we had to stop talking, because her bus was the number fifteen and mine was number eight.

Så synd! Syntes ikke du?
What a pity! Don't you think?

Bussen var allerede en stor fest.
The bus was already a big party.

Den var full av unge folk som ville feste.
It was full of young people that wanted to party.

Alle sang sanger (på spansk, jeg forstod ikke så mye, de var veldig vanskelige) og drakk sangria for å unngå heten på dagen.
Everybody was singing songs (in Spanish, I didn't

understand very much, they were very difficult) and drinking sangría to avoid the heat from that day.

Men turen var så lang!
But the journey was so long!

Vi trengte mer enn fem timer for å komme frem til den berømte Tomatina!
We needed more than five hours to arrive at the famous Tomatina!

Til slutt kom vi frem til Buñol.
At last, we arrived in Buñol.

Det var tusenvis av folk!
There were thousands of people!

Alle var veldig glade og mange av dem hadde på seg svømmebriller, svømmebukser, shorts, sandaler, vanntette hatter...
Everyone was very cheerful and many of them wore diving goggles, swimsuits, shorts, sandals, waterproof hats...

Hva var alle disse tingene for?
What were all these things for?

Vi gikk, litt etter litt, inntil vi kom frem til midten av landsbyen, som var nesten fullt av folk.
Little by little, we walked until we arrived at the center of the village, which was almost full of people.

Plutselig begynte musikken og folk begynte å danse overalt.
Suddenly the music started playing and people were dancing all around.

Var dette Tomatinaen?
Was this the Tomatina?

Det virket ikke så spektakulært for meg...
It didn't seem so spectacular to me...

Jeg innså at musikken kom fra svære lastebiler.
I realised that the music came from huge trucks.

På disse lastebilene var det folk som kastet noe mot folkemengden på gaten.
On these huge trucks were people, that were throwing something towards the crowd on the street.

Hva var det? Noe rødt og rundt...det virket som...det var tomater!
What was it? Something red and round...it seemed like...that were tomatoes!

Akkurat da begynte jeg å le!
At that moment, I started to laugh out.

Min venn Jose sa til meg: Så, hva syntes du?
My friend José said to me: So, what do you think?

Jeg kunne ikke vær gladere!
I couldn't be happier!

Det var gærnt, tenk: tusenvis av folk som ler, hopper, danser og kaster tomater på hverandre!
That was crazy, imagine: thousands of people laughing, jumping, dancing and throwing tomatoes at each other!

Litt etter litt ble alt rødt og alle hadde det veldig gøy.

Little by little, everything turned red and everyone was having a lot of fun.

Tomatinaen begynte tidlig og varte hele morgningen!
The Tomatina started early and it lasted the whole morning!

Til slutt var jeg dekket av tomater fra topp til tå. Jeg var rød som om jeg var en tomat selv.
By the end, I was full of tomatoes from the top to the bottom, I was red as if I was a tomato myself.

Til og med hvis ikke du tror meg, er det absolutt sant.
Even if you don't believe it, it´s absolutely true.

Vet du hva den beste delen var?
Do you know what the best part was?

Når alt tok slutt, holdt folk seg i gatene, musikken stoppet ikke og festen fortsatte!
When everything ended, the people stayed in the streets, the music didn't stop and the party continued!

Det er derfor vi ble hele dagen, spiste en typisk rett fra Valencia, paella, og drakk en typisk drink, sangria.
That is why we stayed there the whole day, ate a typical dish from Valencia, paella, and drank a typical drink, sangría.

Rett etter lunsj bestemte vi oss for å gå en tur gjennom landsbyen.
Right after lunch we decided to go for a walk through the village.

Når vi kom frem til hovedtorget så vi den siste overraskelsen for dagen…

When we got to the main square we saw the last surprise of that day...

Anne var der!
Anne was there!

Vi gikk opp til henne og hun introduserte oss for vennene hennes.
We approached her and she introduced us to her friends.

På det tidspunktet begynte festens dansing, og vi alle danset sammen og fortsatte å prate.
At that moment the party's dance started, and we all danced together and continued talking.

Vi hadde masse moro, og jeg tror at det var begynnelsen på et flott vennskap...
We had a lot of fun, and I believe that it was the beginning of a great friendship...

Nå går Anne og jeg til alle festene sammen og jeg tror at veldig snart skal jeg be henne ut på kino en dag...
Now Anne and I go to all the parties together and I believe that very soon I will ask her to go to the cinema some day.,,

Fra nå av, hvis alt går bra, vil Tomatinaen være mer enn en stor fest, det vil også være et sted hvor en kan finne kjærlighet.
From now on, if everything goes well, the Tomatina will be more than a big party, it will also be a place where one could find love.

Hvem vet?
Who knows?

Spise-eventyr i Spania
Eating adventure in Spain

Har du noen gang vært i Spania?
Have you ever been to Spain?

Det er et flott land.
It's a wonderful country.

Mitt navn er Sarah Jones og jeg er 39 år gammel.
My name is Sarah Jones and I'm thirty-three years old.

Jeg har bodd i London i to år nå, men jeg var heldig nok som fikk studere i Spania i et par år.
I have been living in London for two years now, but I was lucky enough to have studied for a couple of years in Spain.

Jeg jobber for en stor engelsk bank og jeg studerte økonomi på universitetet.
I work for a big English bank and I studied Economics at the university.

Jeg er gift, men jeg har ikke noen barn ennå.
I'm married, but I don't have any children yet.

Min mann heter Marcos Sanchez, og jeg møtte ham, som du kan forestille deg, i Spania.
My husband is called Marcos Sánchez, and I met him, as you may imagine by his name, in Spain.

Jeg var tyve år gammel og hadde hele sommeren foran meg, før jeg begynte mitt første kurs med

økonomi-studiene i Spania.
I was twenty years old and had the whole summer ahead of me, before I started my first course of Economic studies in Spain.

Så jeg bestemte meg for å bli med min beste venninne, Anne, for å nyte vår siste sommer sammen i vårt ny-adoptert land.
So I decided to join my best friend, Anne, to enjoy our last summer together in my new country of adoption.

Min beste venninne Anne ville studere i Australia det året, så vi kommer til å være på motsatt side av kloden.
My best friend Anne wanted to go studying in Australia that year, so we would each be on the other side of the earth.

Anne studerte medisin. Nå er hun en dyktig lege og jobbe i USA.
Anne studied medicine. Now she's an excellent doctor working in the US.

Om sommeren i Spania er det veldig varmt nesten overalt, så du kan nyte stranden eller svømmebassenget, gå ut om kvelden, danse i diskotekene...
During the summer in Spain, it's very hot almost everywhere, so you can enjoy the beach or swimming pool, go out at night, dancing in discos...

Med andre ord: det var en ideell destinasjon og en ideell plass å reise til for to bestevenninner.
In other words: it was an ideal destination and an ideal place to travel for two best friends.

Attpåtil, hotellene, herbergene og leilighetene var veldig billige i Spania, og vi har jobbet gjennom hele året og spart opp for å kunne ta ferien sammen.
Furthermore, the hotels, hostels and apartments were very cheap in Spain, and we have worked throughout the whole year and saved-up in order to be able to spend the holiday together.

Vi planla å reise i tre måneder gjennom Spania, langs kysten, fjellene, de store byene, de minste landsbyene og å bli kjent med festivalene...vi ville ganske enkelt ikke gå glipp av noe!
We planned to tour three months through Spain, its coasts, its mountains, its biggest cities, its tiniest villages and to get to know its festivals...we simply didn't want to miss anything!

Så snart vi kom frem, begynte vi å utforske, hadde masse moro og nøt hvert inntrykk.
As soon as we arrived, we started our exploration, had a lot of fun and enjoyed every impression.

Vi landet i Madrid, den spanske hovedstaden, hvor vi bodde på et lite herberge i byen, rett ved siden av Prado museet.
We landed in Madrid, the Spanish capital, where we stayed at a little hostel in downtown, just next to the Prado Museum.

Hvis du liker kunst og du reiser til Spania, må du ikke gå glipp av Prado museet!
If you like art and you go to Spain, you can't miss the Prado Museum!

Med alle maleriene av Velazquez, El Greco...veldig

imponerende.
With all its paintings by Velazquez, El Greco... very impressive.

Etter vår første spasertur gjennom et sånt stort museum og i gatene i sentrum, var vi veldig sultne.
After our first walk through such a big museum and the streets in downtown Madrid, we were really hungry.

Det var tid å smake på, for første gang, hva vi hadde alltid hørt var nydelig: spansk mat.
It was time to taste, for the first time, what we have always heard as to be delicious: Spanish Food.

Hvor skulle vi begynne?
Where should we start?

Hva ville ordentlige tapas smake som? Og paella?
What would real tapas taste like? And paella?

Rettene virket veldig fremmed for oss, vi visste ikke hva som stod på menyen, men maten så veldig lekker ut, og bildene av maten virket veldig spennende.
The dishes seemed very strange to us, we didn't know what was on the menu, but the food looked very tasty, and the photos of the food seemed really exciting.

Vi gikk til en restaurant som var veldig livlig.
We went to a restaurant that was very lively.

Det var mange unge gutter og jenter som drakk and hadde 'tapas', vi likte den veldig avslappende atmosfæren.

There were many young boys and girls drinking and having "tapas", we liked the very relaxed atmosphere.

Det var spanske folk, men også turister fra overalt i verden.
There were Spanish people, but also tourists from all over the world.

Anne og jeg satt oss ned og bestemte oss for å bestille et par krukker med 'sangria', en drink som folk hadde anbefalt oss.
Anne and I sat down and decided to order a couple of jars of "sangría", a drink that people had recommended to us.

Vi var veldig tørst fordi det var så varmt.
We were really thirsty because it was so hot.

Sangria er en nydelig drink, som er laget av vin, sitron, ferske frukter, kanel…
Sangría is a delicious drink, which is made of wine, lemon, fresh fruits, cinnamon…

I hvert hus og i hver bar varierer ingrediensene og proporsjonene.
In each house and in each bar, the ingredients and proportions vary.

Jeg tror at om sommeren kunne vi smake omkring tre hundre forskjellige oppskrifter på sangria…og alle sammen var veldig gode!
I think that during that summer we could taste around three hundred different recipes of sangría…and all of them were very tasty!

Derfor anbefaler jeg deg å prøve det, hvis du reiser til

Spania.
Hence I recommend you to try it, if you go to Spain.

Men, sangria inneholder alkohol, så vær forsiktig med det.
But, the sangria contains alcohol, so be careful with it.

Det fine er at det er mange plasser som tilbyr sangria uten alkohol, og det er enda bedre!
The good thing is that there are many places where it is offered without alcohol as well, and it's even better!

På det tidspunktet fikk vi vår første tapas.
At that moment, we got our first tapas.

Først fikk vi servert noe kalt 'croquetas'.
First we were served something called "croquetas".

Jeg vet egentlig ikke hvordan jeg skal beskrive hva dette er.
I don't know really well how to explain what these are.

Det er en varm rett, stekt og fylt med en deilig krem av sylte, ost, kjøtt...det er tusenvis av kombinasjoner!
It's a hot dish, fried and stuffed with a delicious cream of jam, cheese, meat... there are thousands of combinations!

Etterpå ble olivene servert.
Afterwards, the olives were served.

Olivenolje er laget av olivener, men i Spania spiser de dem også rå, med olje, eddik, hvitløk og krydder.
Olive oil is made of olives, but in Spain they eat them also raw, with oil, vinegar, garlic and spices.

Vi likte vår første tapas veldig godt.
We liked our first tapas very much.

Men turen vår fortsatte og vi fortsatte med å prøve andre retter av spansk mat.
But our trip continued and we kept trying other dishes of Spanish food.

En av de mest overraskende rettene for oss var den berømte paellaen.
One of the most surprising dish for us was the very famous paella.

Vet du hva en paella er?
Do you know what paella is?

Vi kom frem til Valencia, hvor vi bodde på en leirplass ved siden av stranden.
We arrived in Valencia, where we stayed at a campsite next to the beach.

Vi leide en bil for ferie vår på stranden, og kom frem etter et par times kjøring, veldig sultne, til stranden.
We rented a car for our holidays at the beach, and arrived after a ride of a couple of hours, very hungry, at the beach.

Det var en 'chiringuito', som er en bar i sanden – veldig populær i Spania.
There was a "chiringuito", which is a bar just in the sand - very popular in Spain.

Og på chiringuitoen er spesialretten paella.
And at the chiringito their special dish was paella.

Så, Anne og jeg ventet ikke lenger og vi bestilte en

paella for to.
So, Anne and I didn't wait any more and we ordered a paella for two.

Paellaen er en gul risgryte-rett som spises varmt.
The paella is a yellow stew rice dish that is eaten hot.

Risen er veldig god, og kommer vanligvis med all slags ekstra.
The rice is very good, and it usually comes with all sorts of extras.

For eksempel, grønnsaker eller kylling, men også sjømat.
For example, vegetables or chicken, but also seafood.

Noen av dem har jeg aldri prøvd før, slik som krabbekjøtt.
Some of them I have never tried before, for instance crabmeat.

Du kan like eller ikke like paella, men hvis du reiser til Spania burde du smake den.
You may or may not like the paella, but if you go to Spain you should try it.

Som vi oppdaget litt etter hvert var det noen ganger et eventyr å spise i Spania.
As we discovered little by little, sometimes eating in Spain was an adventure.

For eksempel, en dag i nord-Spania bestilte vi en tapa av en ting kalt 'callos'...jeg vet ikke hvordan til å forklare hva det er for noe, men det er et slags

svinekjøtt som jeg ikke likte i det hele tatt, fordi det var så…viskøst.
For example, one day in the north of Spain we ordered a tapa of a thing called "callos"…I don't know how to explain what it is, but it's a kind of pig's meat that I didn't like at all, because it was a bit…viscose.

En annen dag, i byen Burgos, som har en flott katedral, spiste vi morcilla, som er en slags svart krydret pølse laget av svineblod.
Another day, in the city of Burgos, that has a marvellous cathedral, we ate morcilla, which is a sort of black spicy sausage that is made from pig's blood.

Som du ser, i Spania spiser de mye forskjellige ting… og ganske rare ting hvis du er utenlandsk!
As you see, in Spain they eat very different things… and very weird ones if you're from abroad!

Noe fra grisen som vi elsket var spansk skinke.
Something from the pig that we loved was the Spanish ham.

I Spania spises det mye svinekjøtt, men spesielt denne vil jeg anbefale…så godt!
In Spain a lot of pig's meat is eaten, but this one in particular I really recommend…so tasty!

Det morsomste skjedde oss i en landsby hvor vi ble servert en tapa av…snegler!
The funniest thing happened to us in a village where we were served a tapa of…snails!

Ja, akkurat, snegler…vi ante ikke hvordan vi skulle

spise dem!
Yes, indeed, snails... we didn't have any idea of how to eat them!

Anne, som er mye modigere enn meg, prøvde...men uten god resultat.
Anne, who is much braver than I am, tried... but without good results.

Det var for mye for vår norske ganer, så vi spiste ikke sneglene.
That was too much for our nourish routines, so we didn't eat the snails.

Spania er et land full av nydelige, rare retter...som er veldig morsomme hvis du oppdager dem med vennene dine eller familien din på din neste ferie.
Spain is a country full of delicious, weird dishes....which are especially very funny if you discover them with your friends or your family on your next holiday.

Jeg er sikker på at etter du smaker dette og andre retter, vil du ha tusenvis av historier å fortelle når du er tilbake!
I'm sure that after tasting this and other dishes, you'll have a thousand of stories to tell when you're back!

Å bli forelsket i Venezia
Falling in love in Venice

1) Maria og Sandro, en avsluttet kjærlighet
1) Maria and Sandro, an ended love

Etter å ha tatt litt tid vekk fra sjekking etter bruddet med Sandro, begynte jeg å nyte livet igjen, og jeg er enda mer inspirert enn før!
After taking some time off dating after the break-up with Sandro, I started enjoying life again, and I'm even more inspired than before!

Etter to år i et forhold, der vi snakket til og med om å bli gift, gikk kjærligheten vår på grunn.
After two years of relationship, when we were even talking of getting married, our love went to the dogs.

Kanskje du vil vite grunnen.
Perhaps you would like to know the reason.

Jeg skal fortelle deg nå!
I'm telling you straight away!

2) Hvorfor vi slo opp
2) Why we broke up

Foreldrene hans var våre gjester i det huset vi eide i Venezia, på lagunen, hvor vi hadde bestemt oss for å bo etter bryllupet.
His parents were our guests in the house I own in Venice, on the lagoon, where we had chosen to live after the wedding.

De hadde vært med meg i 3 dager og de feiret jul med oss.
They had been with me for three days and they spent Christmas with us.

De dro 2. januar (takk og pris!) tilbake til hjembyen, Verona.
They left on 2nd of January (thank goodness!) and went back to their home town, Verona.

Am 2. Januar fuhren sie ab (Gott sei dank!) und kehrten in ihre Heimatstadt Verona zurück.
It all began with the argument started by his mother, Paola, who insisted on having the wedding celebrated in their town, where Sandro was born.

Faren hans deltok ikke i diskusjonen, men i stedet for prøvde han å fange blikket mitt slik at jeg forstod at han delte ikke hans kones meninger, noe han bekreftet til meg like etterpå.
His dad didn't take part in the argument, instead he rather kept trying to catch my eye to make me understand that he did not share his wife's demands, as he confirmed to me shortly after that.

Jeg skal ta vare på dette som en av mine vakreste minner, fordi jeg forstod at han var oppriktig og at akkurat da kanskje han også ville ha åpnet vinduet og latt hans kone tatt et lite bad i det iskalde vannet i lagunen.
I will keep this one among my most beautiful memories, because I understood that he was sincere and that in that moment maybe he, too, would have opened the window and let his wife take a nice little bath in the freezing water of the lagoon.

Faktisk så forstyrret krangelen kjærlighets-idealen mellom meg og Sandro, som ikke støttet meg (kanskje pga for mye kjærlighet til moren) og til og med skjente på meg for å heve stemmen min ovenfor hans kjære mor.
In fact, the argument interrupted the love idyll between me and Sandro, who didn't stand up for me (maybe due to too much love for his mother) and even reprimanded me for raising my voice with his dear mum.

Neste dag, når han ble med foreldrene hans til Verona, forstod jeg allerede da at vår kjærlighets-drøm var forsvunnet.
The following day, when he accompanied his parents to Verona, I had already understood that our love dream had vanished.

Jeg tok ikke feil.
I wasn't wrong.

Kanskje presset av hans mor, ringte han ikke meg på tre dager og jeg tenkte ikke på å ringe han engang.
Maybe driven by his mother, he didn't call me for three days and I didn't even think of doing it.

Etter en uke, ringte han meg for å si at kanskje det var best for alle sin del å sette til side alle våre prosjekter.
After one week, he phoned to tell me that it was perhaps better to put all of our projects aside, for everybody's sake.

Min verden falt fra hverandre og jeg, mellom sinne og skuffelse, trakk meg tilbake til min ensomhet, og

sverget til meg selv at jeg ville aldri forlove meg igjen!
My world fell apart and I, between rage and disappointment, retired into my solitude, swearing to myself that I would never ever get engaged again!

Kjærligheten mellom oss var ferdig...for alltid!
The love between us was over... forever!

3) Nytt møte
3) A new encounter

Marco gikk ved siden av Claudia (søsteren hans) og hennes forlovede (broren min).
Marco was walking next to Claudia (his sister) and her fiancé (my brother).

Vi var på vei til Rialto broen for å feire Claudias graduering (i jus), og han tok oss ut på lunsj på en restaurant hvor en av vennene hans jobbet.
We were heading for the Rialto Bridge in order to celebrate Claudia's graduation (in Law), and he took us to lunch in a restaurant where a friend of him works.

Når vi kom inn, tok han øyeblikkelig et sete ved siden av meg ovenfor de to forlovende.
When we got in, he immediately took a seat next to me facing the two fiancées.

Han tok med en bukett med røde roser og en med cyclamen med seg.
He has brought one bouquet of red roses and one of cyclamen with him.

På bordet la han rosene med en hilsen til søsteren

hans og sa med en gang: «Og denne er til deg ».
At the table he laid the roses on a greetings letter for his sister and said right away: "And this one is for you".

Etter lunsj satt vi ved et bord nærme siden for å ha en kopp kaffe.
After lunch we sat at a table near the edge to have a cup of coffee.

I mellomtiden hadde den generelle oppmerksomheten flyttet eksklusivt over til meg, vi snakket (broren min ved det første) om slutten på forholdet med Sandro og min sinne rettet mot menn.
Meanwhile, the general focus of attention had passed exclusively to me, we spoke (my brother in the first place) about the failure of my relationship with Sandro and my anger towards all men.

Jeg følte at jeg ble spurt ut, så jeg tok sjansen til å utrykke min sinne, men uten å overdrive – også for ikke å gjøre Marco flau, som var interessert i meg, og det hadde jeg forstått fra det første.
Feeling called into question, I took the chance to express my rage, but without exaggerating – also not to embarrass Marco, who was courting me, and I had understood that from the first moment.

Og, for å være helt ærlig, var jeg veldig glad for det.
And, to tell the truth, it really delighted me.

4) En stilig og oppriktig type
4) A fine and sincere guy

I mellomtiden kom kvelden og de første lysene var

synligepå lagunen og belyste denne unike strekningen av vann, som bare vakre Venezia kan tilby.
Meanwhile the evening had come and the first lights were visible on the lagoon, enlightening the unique stretch of water, which only the beautiful Venice can offer.

Å være til stede for dette synet er ekstremt følelsesladet, ikke bar for turister, men også for alle Venezianere som bor i byen.
Being present at this sight is an extremely touching feeling, not only for tourists, but also for all Venetians who live the city.

Det var trist for meg å tenke på den kjærligheten jeg ikke følte lenger og som jeg trodde jeg hadde mistet for alltid.
It was sad for me, thinking of the love I didn't feel anymore and which I thought I had lost forever.

På dette tidspunktet, forvirret men glad, gikk jeg hjem.
At this point, confused but happy, I went back home.

Neste dag hørte jeg noen som ringte på dørbjellen, jeg trodde det var naboen eller postmannen, men hvem fant jeg isteden? Marco!
The following day I heard someone ringing my doorbell, I thought it was my neighbour or the postman, but who did I find instead? Marco!

Han hadde en bukett med roser bare til meg (blå denne gangen), var enda mer elegant kledd enn dagen før og hadde en forskjellig hårfrisyre (rett med hårgele), en veldig raffinert en.
He had a bunch of roses just for me (blue ones this

time), was dressed even more elegantly than the day before and had a different hairdo (straight with hair gel), a very refined one.

Denne handlingen rørte meg så mye, og jeg nølte ikke med å kysse ham mykt på kinnet.
This gesture moved me so much, and I didn't hesitate to kiss him gently on the cheek.

5) Den kvelden på Lidoen
5) That night at the Lido

Et nytt vennskap ble født med Marco og en kveld førte den oss (med hjelp fra min bror, den lille skurken, og hans super-morsomme Claudia) mot Lidoen av Venezia, et annet sted enn lagunen, men geografisk sett en del av det.
A new friendship was born with Marco and one evening it pushed us (aided by my brother, the little rascal, and his super funny Claudia) toward the Lido of Venice, a different place from the lagoon, though geographically part of it.

Det er den ikke-turistaktige Venezia, det vil si den delen der de fleste Venezianere bor, med restauranter, diskoteker, barer, stranden (om sommeren) og butikker fra viktige motemerker.
It's the non-touristy Venice, that's to say the one where most of the Venetians live, with restaurants, discos, bars, the beach (in summer) and shops of important fashion brands.

Den kvelden også, var hans sjarm og subtilitet ikke benektet: han møtte opp i en mørk blå jakke og slips med to røde roser, en for meg og en for Claudia...Vi

skulle ut på middag om en stund.
That night, too, his charm and subtlety were not denied: he turned up in a dark blue tie and jacket and with two red roses, one for me and one for Claudia...we would go to dinner in a while.

Faktisk så rørte noe meg allerede, og jeg var tiltrukket av ham, men jeg kunne ikke finne ordene til å uttrykke min glede, til og med når mine øyne bedro meg and han merket det.
As a matter of fact, something was moving me already, and I was attracted to him, but I couldn't find the words to express my joy, even though my eyes betrayed me and he noticed it.

Mens de to turtelduene satt fortsatt ved bordet, inviterte han meg med en unnskyldning opp til terrassen av restauranten; mens vi så på solnedgangen, snudde han seg mot meg, smilte, og bøyde seg ned og kysset meg intenst.
While the two lovebirds were still sitting at the table, he invited me on to the restaurant's terrace with an excuse; as we were watching the sunset, he turned to me, smiled, then bent down and kissed me intensely.

Fra den dagen, har Marco vært min store kjærlighet.
From that day, Marco has become my great love.

6) En magisk dag
6) A magical day

Det var den lykkeligste dagen i livet mitt!
That was the happiest day of my life!

Om sommeren valgte vi Lidoen i Venezia for våre

ferier, fordi den representerer et spesielt sted for oss, hvor vår lidenskap blomstret og hvor vi feiret, hvor jeg gråt (denne gang av kjærlighet og lykke i motsetning til skuffelse), hvor vi spiste og drakk sjampagne på stranden, etterpå så...til denne dag i dag (vi skal bli gift neste år) har alt vært absolutt magisk!

In summer we chose the Venice Lido for our holidays, because it represents a special place for us, where our passion blossomed and where we celebrated, where I cried (this time with love and happiness rather than disappointment), where we dined and drank champagne on the beach, after which... until today (we are getting married next year) everything has been absolutely magical!

Et kyss i Firenze
A kiss in Florence

Jeg drar dit for å studere kunst og finner den store kjærligheten!
I go there to study art and find the love of my life!

1) En tur til Firenze for å studere kunst
1) A journey to Florence to study art

De sier at Paris er byen for romanse og elskere, men jeg er ikke helt enig!
They say Paris is the city of romance and lovers, but I do not completely agree!

Jeg, i stedet for, har funnet den ekte kjærligheten i livet mitt i Firenze.
I, instead, have found the true love of my life in Florence.

Jeg hadde akkurat kommet frem til Italia for mine studier som en kunst-restaurerer. Jeg skulle bruke et helt skoleår i byen og jeg var veldig glad i ideen om å fordype meg i et nytt språk og kultur.
I had just arrived in Italy because of my studies as a fine arts restorer; I should have spent a whole college year in the city and I was very fond of the idea of plunging into a new language and culture.

Faktisk så visste jeg ikke hvor denne erfaringen ville føre meg, siden det var mitt første lange opphold i et fremmed land etter at jeg fikk utdannelsen min i Melbourne.

I actually didn't know where this experience would take me, since it was my first long stay in a foreign country after earning a degree in Melbourne.

En av mine lidenskaper, bortsett fra kunst, er synging, og jeg ville benytte anledningen for å bli kjent med denne verdige kunsten bedre i Verdis og Herr Volares land også.
One of my passions, apart from art, is singing, and I wanted to take advantage of the opportunity to get to know this noble art better in "Verdi's" and "Mister Volare"'s country, too.

Skolen min organiserte ofte konserter for å gjøre operaen kjent, spesielt den italienske, som integrere seg selv perfekt med den artistiske og byggverk konteksten, dersom mange verk var komponert for kirker og akademier.
My school often organised concerts in order to make the opera known, especially the Italian one, which perfectly integrates itself with the artistic and monumental context, as many works were composed for churches and academies.

For meg, var dette en flott anledning til å møte folk på min alder.
To me, this was a great opportunity to meet some people of my age.

2) Møtet
2) The meeting

Så snart jeg kom frem til Santa Maria Novella togstasjon, forstod jeg at snart ville noen bli en viktig del av livet mitt.

As soon as I arrived at Santa Maria Novella railway station, I understood that someone would soon become an important part of my life.

Det første jeg merket ved ham den dagen foran akademiet var at han var høy, men det som virkelig fanget oppmerksomheten min var hans lange svarte hår og hans mørke øyne.
The first thing I noticed about him that day in front of the academy was that he was tall, but what really caught my attention was his long black mane [hair] and his dark eyes.

Jeg spurte ham, klumsete, om jeg var på det riktige stedet og han forsikret meg om at jeg var, men han sa at konserten ville ikke finne sted den dagen, pga en streik mot regjeringen grunnet kutt i penger til kultur.
I clumsily asked if I was in the right place and he assured me that I was, but he told me that the concert wouldn't take place that day, due to a strike against the government because of cuts of funds on culture.

Mens han pratet til meg, surfet han på laptopen sin.
While he talked to me, he kept surfing on his laptop.

Men den korte dialogen var – for begge to – en unnskyldning for å prate, og senere fant jeg ut at jeg hadde kommet inn i en hyggelig vennegjeng som, slik som meg, studerte og elsket klassisk musikk.
But that short dialogue was - for us both - a pretext to chat, and later I found out I had entered a nice group of friends who, like me, studied and loved classical music.

Faktisk, etter en stund kom først ett par, deretter kom to karer, en små-neset jente med brunt hår og en høy,

slank korthåret gutt. På et blunk, fra å være alene fant jeg meg selv med en liten gruppe med veldig hyggelige venner.
In fact, after a while first a couple came, and then another two guys, a snub-nosed girl with brown hair and a tall, slim short-haired boy.

Vi sa ha det til hverandre etter en stund, og lovte at vi skulle treffes neste tirsdag for å endelig gå på konserten.
At a stroke, from being alone I found myself with a small group of very nice friends.

Men nå måtte jeg komme meg hjem og begynne å planlegge studiene.
We said goodbye to each other after a while, promising we would meet again on the following Tuesday to finally attend the concert.

Men nå måtte jeg komme meg hjem og begynne å planlegge studiene.
But now I had to go back home and start planning my studies.

3) Min kjære Roberto!
3) My sweet Roberto!

På en lørdagsmorgning, mens jeg ventet på bussen som ville føre meg fra kunstakademiet til Rivoli, hvor jeg bodde, hørte jeg noen rope navnet mitt: «Jenny! Jenny!»
On a Saturday morning, while I was waiting for the bus which would take me from the academy of fine arts to Rivoli, where I lived, I heard someone calling my name: "Jenny! Jenny!".

Jeg snudde meg og så den kjekke mannen som hadde snakket med meg og vennene hans forrige tirsdag, foran musikkakademiet.
I turned around and saw the handsome boy who had kindly spoken with me and his friends the previous Tuesday, in front of the music academy.

Han pratet med vennene hans og spiste en pose potetgull.
He was talking to his friends while chewing up a bag of chips.

Jeg gikk nervøst nærmere han som, med uten for mye nøling, inviterte meg til å dele potetgullet hans.
I nervously got closer to him who, without too much hesitation, invited me to share his bag of chips.

I mellomtiden hadde vennene hans sagt ha det og vi var alene, så vi bestemte oss for å ta en spasertur i det historiske senteret av Firenze.
Meanwhile, his friends said goodbye and we found ourselves alone, so we decided to take a walk in the historical centre of Florence.

4) Alt på grunn av Cupid!
4) All because of Cupid!

På den dagen hadde vi vår første ekte samtale og til slutt, når vi skulle begge hjem, avbrøt han meg og sa «Vel, jeg har hatt anledningen til å treffe en flott jente!».
On that day we finally had our first real conversation and in the end, when we were about to go back home, he interrupted me and said: "Well, I've had the

opportunity to meet a wonderful girl!".

Rett etterpå sa vi ha det på den tradisjonelle italienske måten, med et kyss på begge kinnene.
Immediately after that we said goodbye in the traditional Italian way, with a kiss on both cheeks.

Jeg trodde at jeg ville aldri se ham igjen, men en vakker dag kom tiden for en konsert i Vecchio-palasset.
I thought I wouldn't see him again, but one fine day the time came for a concert in Palazzo Vecchio.

Dette er et fantastisk hus fra renessansen, det tilhørte Medici-familien og huser nå bystyret.
That is a magnificent residence of the Renaissance, it belonged to the Medici family and is now the town council's seat.

Bygningen er absolutt fantastisk og alle de lokale politikerne går dit nesten hver dag for å ordne med spørsmål om felleskapet.
The building is absolutely fantastic and all local politicians go there almost every day to deal with issues of public interest.

Vi traff etter konserten, ettersom jeg satt i den første rekken og han satt i den siste.
We met after the concert, as I was sitting in the first row and he in the last one.

På det tidspunktet spurte han meg hva jeg hadde planlagt for resten av dagen.
At that point he asked me what I had planned for the rest of the day.

Når jeg sa at jeg skulle gå på lunsj i sentrum spurte han om jeg ville ha lunsj med ham.
When I told him that I was about to go to lunch in the city center, he asked if I felt like having lunch with him.

«Så klart!» svarte jeg.
"Of course!" I answered.

Vi spiste veldig godt på en enkel restaurant og etter at vi kom ut av trattoriaen tok vi en spasertur ved bredden av Arno-elven, som renner gjennom denne fortryllende og romantiske byen.
We ate very well in a rustic restaurant and after getting out of the trattoria we took a walk on the banks of the Arno, the river which flows through this enchanting and romantic city.

Den beste delen (uforglemmelig for meg) var når vi stoppet på Ponte Vecchio for en stund og beundret utsikten over elven.
The best part (unforgettable to me) was when we stopped on Ponte Vecchio for a while and admired the view of the river.

Da, rett etterpå, tok vi et bilde sammen med det vidunderlige Florentina-landskapet i bakgrunnen.
Then, immediately afterwards, we took a photo together with the wonderful Florentine landscape in the background.

På slutten av denne flotte dagen fulgte han meg hjem og, mens han så meg i øynene, tok han farvel med en enkel 'Ciao' og et kyss på kinnet.
At the end of this amazing day he accompanied me home and, looking in my eyes, he said goodbye with

a simple "Ciao" and a kiss on the cheek.

Cupids pil har truffet!
Cupid's arrow had struck!

5) En uforglemmelig dag
5) An unforgettable day

Et par uker senere gikk jeg til avslutnings-seremonien til en venninne jeg traff i Firenze, og hvem traff jeg der? Roberto!
A couple of weeks later I went to the graduation party of a friend I had met in Florence, and who did I meet there? Roberto!

Det var et vidunderlig øyeblikk, men vi ville dessverre ikke kunne treffes igjen for en stund på grunn av juleferien (jeg måtte dra hjem i en måned).
It was a wonderful moment, but we unfortunately wouldn't meet again for a while because of the Christmas holidays (I had to go back home for a month).

Jeg hadde en måned med familien min, men jeg måtte tilbake til Firenze i januar.
I spent one month with my family, but I had to go back to Florence in January.

På 1. juledag sendte han meg en søt epost der han skrev at han elsket meg og at han ventet på min retur til Firenze.
On Christmas day, he sent me a sweet email in which he wrote that he loved me and that he was waiting for my return to Florence.

Jeg tenkte ikke på ham lenger (eller jeg prøvde å ikke gjøre det) men ordene hans hadde satt et dypt spor i mitt hjerte!
I didn't think about him any more (or at least I tried not to) but his words had dug a deep furrow into my heart!

6) Kjærlighetens triumf!
6) Love's triumph!

Endelig i januar (det var dagen etter epifani) hentet han meg på Firenzes togstasjon og han hadde med en presang.
Finally in January (it was the day after the Epiphany) he fetched me at Florence's railway station and he had brought a present.

Det var en stor godteri-formet eske med sjokolader inni.
It was a big candy-shaped box with chocolates in it.

Vi ble enige da om å spise middag sammen samme kveld for å feire vårt nytt møte.
We then agreed upon going to dinner together that same evening to celebrate our new encounter.

Mot slutten av kvelden kom tiden for å reise hjem, men før det satt vi på en lav mur ved elvebredden og snakket igjen i en lang stund sammen.
At the end of the evening the time to go home was approaching, but before that we sat on a low wall on the bank of the river and talked again for a long time.

Jeg hadde på meg en blå kjole og han sa at den var veldig fin.

I was wearing a blue dress and he told me it was very nice.

Jeg takket ham for det og, uten å nøle, lente han seg frem og kysset meg på leppene.
I thanked him and then, without hesitating, he leant forward and kissed me on the lips.

Fra den dagen var vi sammen for resten av semesteret og vårt forhold varer fortsatt, til og med når vi bor i to forskjellige land.
From that day on we have been together for the rest of the semester and our relationship still lasts, although we live in two different countries.

Vi tenker til og med om å bli gift, men vi skal organiser bryllupet bare etter at vi har bestemt oss for hvor vi skal bo - i mitt land eller hans?
We even think of getting married, but we will organise the wedding only after choosing where to live – in my country or his?

På dette tidspunktet, hva kan jeg si?
At this point, what can I say?

Er det en drøm?
Is it a dream?

I så fall, vær så snil og ikke vekk meg!
If it is, please don't wake me up!

De rare butikkene av Spania
The strange shops of Spain

Mitt navn er Martha og jeg er førtito år gammel.
My name is Martha and I'm forty-two years old.

Min mann Stephen og jeg bor i en liten landsby i 'Midwest' i USA.
My husband Stephen and I live in a little village in the mid west of the US.

Vi har vært gift i tyve år og har to barn.
We have been married for twenty years and have two children.

Vår datter Sarah er fjorten år gammel og vår sønn John er ni år gammel.
Our daughter Sarah is fourteen years old and our son John is nine years old.

Vår familie har blitt velsignet med kjærlighet, lykke og veldig gode stunder, spesielt i våre reiser.
Our family has been blessed with love, happiness and very good moments, especially during our travels.

Barna går fortsatt på skolen, og jeg jobber deltid i et advokatfirma.
The kids still go to school, and I work part-time in a lawyer's office.

Mannen min driver sitt eget bilhandel-firma, og han har forskjellige butikker i forskjellige land.
My husband has his own business of trading cars, and he has various shops in different counties.

Helt siden Sarah og John var veldig liten, har Stephen og jeg fått dem vant med reising.
Since Sarah and John were very little, Stephen and I got them used to travel.

Å reise har alltid vært lidenskapen vår!
Travels have always been our passion!

Før vi fikk barn, reiste vi til Vietnam, Sør-Afrika, Kina...
Before having children, we travelled to Vietnam, South Africa, China...

de mest eksotiske landene var favorittene våre.
The most exotic countries were our favourites.

Men når vi fikk barn ble reising litt mer komplisert, og vi begynte å velge nærmere reisemål: Canada, Mexico, og så klart, Europa.
But when we had children travelling became a little more complicated, and we started to choose closer destinations: Canada, Mexico, and, of course, Europe.

Det er veldig vanskelig å bestemme seg for hvilket land å besøke i Europa: alle har så mange attraksjoner!
It's very difficult to decide which country to visit in Europe: all of them have many attractive venues!

Vi har reist til Frankrike og Storbritannia noen ganger, men Stephen ville dra til Spania og reise tvers over dette landet, som virker litt mysteriøst for mange amerikanere, med de mange kuriositetene, slik som flamenco og tyrefekting.

We've travelled to France and the United Kingdom a couple of times, but Stephen wanted to go to Spain and travel across this country, that seems a little mysterious to a lot of Americans, with its weird peculiarities, like flamenco or bullfights.

Så, to år siden tok vi en beslutning og planla en stor familietur til Spania, med barna så klart, som ga oss mange ideer om hva de ville besøke der.
So, two years ago we made a decision and planned a big family trip to Spain, with the kids of course, who gave us a lot of ideas about what they would love to visit there.

Vi planla reisen i nesten seks måneder, kjøpte flybilletter, togbilletter, billetter for attraksjonene i de forskjellige byene...
We were planning the travel during almost six months, buying the plane tickets, train tickets, tickets for the attractions of the different cities...

Vi ville at alt skulle være planlagt og unngå at noe skulle gå galt!
We wanted to have everything very well planned and avoid that anything would go wrong!

På begynnelsen av august flydde vi til Madrid, og etter tolv timer med forskjellige flyvninger var vi endelig fremme i Spania!
At the beginning of August we flew to Madrid, and after more than twelve hours of different flights we finally were in Spain!

Vi hadde en hel måned foran oss til å oppdage det fascinerende landet men tusen år med historie.

We had an entire month in front of us to discover that fascinating country with a millennium of history.

Det første vi innså var at vi hadde forberedt alt veldig nøye, men uten å ta hensyn til at det skulle vær så varmt i Madrid.
The first thing we realised was that we had prepared everything very well, but without keeping in mind that it was going to be so hot in Madrid.

Derfor, det første vi gjorde var å kjøpe solkrem.
Therefore, the first thing we did was going to buy a sunscreen.

Og der begynte vårt shopping-eventyr i Spania.
And there our shopping adventure in Spain started.

Spania og USA er veldig forskjellig med hensyn til shopping.
Spain and the United States are very different regarding shopping.

I vårt land kan du gå til et apotek og handle alt, fra medisiner til sjampo.
In our country you can go to a pharmacy and shop everything, from medicines to shampoo.

Men i Spania er det ikke slik.
But in Spain it's not like that.

Og, i apotekene...generelt sett...selger de bare medisiner!
And, in the pharmacies... in general... they only sell medicines!

Så det tok nesten en hel morgen med å gå til en, to,

tre, uendelig apotek før vi innså, fordi en jente forklarte det til oss, at vi måtte gå til en 'drogueria' for å kjøpe det.
So, it took nearly one whole morning going to one, two, three, infinite pharmacies until we realised, because finally a girl explained to us, that we had to go to a "droguería" to buy that.

Etterpå, så vi i ordboken at 'drogueria' betyr 'apotek'.
Later, we saw in the dictionary that "droguería" meant "drug store".

Vi fant endelig frem til en og kjøpte solkremen vår.
We finally found one and bought our sunscreen.

Etter et par dager i Madrid, hvor vi besøkte det fantastiske Prado-museet, fordi jeg elsker kunst, men også Santiago Bernabeu-stadion (fordi sønnen min er fotballgal), dro vi til Barcelona.
After a few days in Madrid, where we visited the marvellous Prado Museum, because I love art, but also the Santiago Bernabeu Stadium (because my son is a huge fan of soccer), we went to Barcelona.

Det er den andre største byen i Spania og ligger ved Middelhavet, det er en vakker by!
It's the second biggest city in Spain and is located at the Mediterranean, its a beautiful city!

En av de tingene vi likte mest var en spesiell type bar som eksisterer bare i Spania (så vidt jeg vet): chiringuito. Hva er chiringuito?
One of the things we loved most was a very special kind of bar that only exists in Spain (as far as I know): the chiringuito.

Hva er chiringuito?
What the chiringuito is?

Det er en bar som ligge på stranden, i sanden, hvor du kan bestille alt fra en kaffe til en cocktail om kvelden, men også en nydelig paella eller en øl.
It´s a bar that is on the beach, in the sand, where you can order anything from a coffee to a cocktail in the evening, but also a marvellous paella or a beer.

Syntes ikke du at disse alt-i-ett stedene er fantastiske?
Don't you think that all these all-in-one venues are great?

I Barcelona tok vi mange turer til stranden og Montserrat-fjellet, veldig nærme byen, og for turene våre hadde datteren min den flotte ideen om å lage smørbrød…
In Barcelona we made several excursions to the beach and the mountain of Montserrat, very close to the city, and for the excursions, my daughter had the great idea of making sandwiches…

Så klart, i Barcelona finnes det supermarked slik som i resten av Spania, men vi elsket å finne de spesielle butikkene for de forskjellige varene.
Of course, in Barcelona there are supermarkets like in the rest of Spain, but we loved to discover the special shops for the different groceries.

For eksempel, hvis du vil kjøpe kjøtt på turen din i Spania, let etter 'carniceria', dette er en kjøttbutikk.
For example, if you want to buy meat on your trip to Spain, search for a "carnicería", this is a meat shop.

Attpåtil, finnes det 'charcuterias' som er stedet der pølser er solgt.
Furthermore, there are "charcuterías" which is the place where sausages are sold.

Frukt og grønnsaker finner du i en 'fruteria', med andre ord, fruktbutikken.
Fruits and vegetables you will find in the "frutería", in other words, the fruit shop.

Også finnes det 'panaderias' for brød, 'pescaderias' for fisk...
And so there's "panaderías" for bread, "pescaderías" for fish...

Så klart, i statene finnes det også slike butikker.
Of course, in the States there are also these kinds of shops.

Forskjellen med USA er at de spanske butikkene har disse artige navnene og at de finnes vanligvis I 'mercadoen' (marked) eller i områdene rundt det.
The difference to the US is that Spanish shops carry these funny names and that they are usually located in the "mercado" (market) or in the areas surrounding it.

Det er veldig artig å dra til mercado'en om morgenen, når alle de spanske husholderne er der også og du kan nyte deres råd og anbefalinger...de er veldig snille!
It's a lot of fun going to the mercado in the morning, when all the Spanish house keepers are there as well and you can enjoy their advice or recommendations... they are very nice!

Etter Barcelona bestemte vi oss for å besøke nord-Spania.
After Barcelona we decided to visit the north of Spain.

Vi brukte et par dager i Santiago de Compostela, det stedet hvor St James stien slutter.
We spent a couple of days at Santiago de Compostela, the place where the Path of Saint James ends.

En veldig spirituell by.
A very spiritual city.

En veldig merkelig ting er at i Spania finnes det mange typer kirker med alle slags navn: katedral, basilikk, hermitage...
A very odd thing is that in Spain there are many kinds of churches with all sorts of names: cathedral, basilic , hermitage...

Dette er pga den lange kristne historien og tradisjonen som landet har.
This is because of the long Christian history and tradition that the country has had.

Og fra der, dro vi til en nærliggende landsby i Asturias.
And from there, we went to a very close village in Asturias.

Alt var veldig grønt, veldig levende, fullt med skoger og kyr, som produserer noe av den beste melken i Europa.
Everything was very green, very alive, full of forests and cows, that produce some of the best milk in

Europe.

I Asturias oppdaget vi et annet merkelig sted, sidreriaen.
In Asturias we discovered another strange venue, the sidrería.

Sidreriaen er en bar der hovedsakelig sidra (sider) drikkes, an alkoholisk drikke som er laget av...epler!
The sidrería is a bar where mainly sidra (cider) is drunk, an alcoholic drink that is made from...apples!

Den er søt og veldig frisk, men du må drikke den med forsiktighet, dersom den inneholder alkohol.
It's sweet and very fresh, but you have to drink it with care, because it contains alcohol.

I sidrerianene er det noen tapas og noe å spise, men med veldig liten varietet, der er hovedtilbudet sidra.
In the sidrerías there are some tapas and something to eat, but with very little variety, there the main offer is the sidra.

Fra Oviedo, hovedbyen i Asturias, reiste vi med fly til den sydlige delen av landet, fordi vi ville ikke gå glipp av to historiske og kulturelle juveler i Spania: Sevilla og Granada.
From Oviedo, the main city in Asturias, we left by plane to the south of the country, because we didn't want to lose two historic and cultural jewels in Spain: Seville and Granada.

I disse to andalusiske byene oppdaget vi ikke bare det mest imponerende bygningene og plassene, men også noen virkelig rare butikker og steder.
In these two Andalusian cities we not only discovered

the most impressive buildings and places, but also some really odd shops and venues.

For eksempel, i Sevilla, var det utallige butikker som solgte flamenco utstyr, med kjoler, sko, 'peinetas', 'mantones', hatter for menn, jakker…
For example, in Seville, there were countless of shops that sold only flamenco apparel, with dresses, shoes, "peinetas", "mantones", hats for men, jackets…

For å oppsummere, alt vi ser på flamenco-dansere, men det er også klær som er brukt i 'ferias', en stor årlig fest som feires i mange andalusiske byer.
To sum it up, everything we see on flamenco´s dancers, but it's also clothes that are used in the "ferias", a big annual party that is celebrated in many Andalusian cities.

Vår erfaring ved å oppdage flotte steder i Spania var utrolig, men å bli kjent med de butikkene med de artige navnene, hvor de selge bare en type produkt, var veldig morsomt!
Our experience of discovering wonderful places in Spain was great, but getting to know these shops with those funny names, where they only sell one kind of product, was very funny!

Vi lærte mye spansk i den måneden i Spania takket være disse oppdagelsene, og jeg håper at du også har lært fra vår historie.
We learned a lot of Spanish during our month in Spain thanks to these discoveries, and I hope you too have learned of our story.

Anna og meg
Anna and I

En reise til Italia, hvor jeg møtte jenten jeg har drømt om
A journey to Italy, where I met the girl of my dreams

1) Et utrolig land!
1) An extraordinary country!

Hjemstedet til den flotteste klassiske kunsten, de mest ettertraktede motemerker, masse mat, og landet av kjærlighet – Italia er en drømmedestinasjon for alle som planlegger en tur gjennom Europa.
Home of the greatest classical art, the most desired fashion brands, lots of food, and land of love - Italy is a dream destination for anybody who is planning a tour through European.

Beriket med utallige gamle ruiner, gotiske bygninger, bysantinske templer og middelalderske slott, Italia gir uttrykk fra betydelige historiske perioder som det Romerske Imperiet og Renessansen.
Endowed with innumerable ancient ruins, gothic buildings, byzantine temples and medieval castles, Italy pays homage to significant historical periods like the Roman Empire and the Renaissance.

Når vi snakker om italiensk mat, som er godt likt overalt i verden, fra ordentlig pizza til smakfulle desserter, kan du ikke gjøre annet enn å fråtse i det.
When it comes to Italian cuisine, which is much-loved all around the world, from real pizza to tasty desserts,

there is nothing you can do but luxuriate in it.

Italia er der jeg har brukt en periode (hele måneden av August), hvor jeg hadde anledningen til å besøke de viktigste kunstbyene, inkludert Roma og Napoli.
Italy is where I have just spent a period of time (the whole month of August), during which I had the opportunity to visit the most important art cities, including Rome and Naples.

2) Min personlig erfaring
2) My personal experience

Min historie er formet av to hovedfaktorer: beundrelsen for dette flotte landet og alle vakre ting i den, ikke bare i henhold til naturen, men også til dens kvinnelig beboere.
My account is dictated by two main factors: the admiration for this fabulous nation and its beauties, not only regarding its nature, but also its female inhabitants.

Faktisk, når jeg kom frem til Flumicino internasjonal flyplass og når jeg tok toget til Roma Termini (sentralstasjonen), kunne jeg beundre mange vakre jenter – og jeg har aldri sett så mange på en gang.
In fact, when I arrived at Fiumicino international airport and while taking the shuttle train that took me to Roma Termini (the central station), I was able to admire many beautiful girls - I had never seen so many at once.

Med tanke på dette skal jeg fortelle deg om min eneste og største erobring, som jeg fortsatt er sammen med og med hvem, for å si sannheten, jeg

er stormforelsket i.
With regard to this, I'll tell you about my only and great conquest, who I am still dating and with whom, to tell the truth, I am madly in love.

Roma er hovedstaden i Italia og tilbyr tusen år med historie.
Rome is Italy's capital city and offers a millennium of history.

Den viktigste severdigheten for meg, bortsett fra det legendariske Coliseum eller de arkeologiske stedene, er St Peters Cupola.
The most important attraction to see, apart from the legendary Coliseum or the archaeological sites, is the Saint Peter's Cupola.

3) Her kommer Anna!
3) Here comes Anna!

Her møtte jeg den jenten jeg har fortalt deg om.
Here I met the girl I have told you about.

Hun heter Anna og bor i Napoli, syd i Italia – et fantastisk sted, som du vil se.
Her name is Anna and she lives in Naples, in the South of the country – a fantastic place, as we will see.

Det regnet den dagen, og hun var veldig snill og tilbød meg en tur under paraplyen hennes, opp til billettkontoret hvor du kan kjøpe billetten til å besøke Cupolaen.
It was raining that day, and she kindly offered me a lift under her umbrella, up to the ticket office where you

can buy the ticket to visit the Cupola.

Ventingen før inngang (som skjer i grupper) tillot at vi stod nærme hverandre i lang tid, nok til å bli informert om navnene våre og hvor vi kom fra.
The wait for the admission (which occurs in groups) let us stay near each other for a long time, enough to inform ourselves about our names and places of origin.

Når vi kom frem til toppen (ikke uten anstrengelse takket de mange bratte og smale trappene) beundret vi den evige byen og vi tok vakre suvenirbilder.
Once we got to the top (not without an exertion because of the many sloping and narrow steps) we found ourselves admiring the eternal city and taking beautiful souvenir photos.

Resultatet var at vi møttes om kvelden, hadde middag på en liten restaurant med en turistmeny og tok en spasertur ved bredden av Tevere-elven, som har alltid delt byen i to.
The result was that we met in the evening, had dinner in small restaurant with a menu for tourists and then took a walk on the banks of the river Tevere, which has always cut the city apart.

Når vi tok farvel, bestemte vi oss for å møtes i hjembyen hennes (Napoli), fordi programmet mitt inkluderte et tur til de nærme og velkjente stedene Sorrento og Capri.
Saying goodbye, we decided to meet in her hometown (Naples), as my programme included a visit to the near and well known Sorrento and Capri.

Jeg ville komme frem til byen hennes to dager

senere, mens hun ville allerede være hjemme neste morgningen.
I would reach her city two days later, while she would already arrive back home the following morning.

Den kvelden lå jeg våken og gjorde ikke annet enn å tenke på henne, hennes søte nese, de mørke krøllene og det flotte smilet hennes.
That night I lay awake and I did nothing but thinking of her, her cute nose, her dark curls and her heady smile.

4) Min vakre Napoli!
4) My beautiful Naples!

Etter nytelsen av 'ekte' pizza i hennes Napoli, hvor det er mulig å bruke en hel dag på å besøke hvert slags sted, blant statuer, slott, kirker, museer og de to hovedgatene (kalt øvre og nedre decumano) – som er noe vi naturligvis gjorde sammen – var mine øyne fullstendig dekket av skinke.
After savouring a "proper" pizza in her Naples, where it is possible to spend a whole day visiting every sort of place, amongst monuments, castles, churches, museums and the two main streets (called upper and lower decumano) - which is something we obviously did together - my eyes were completely covered in ham.

Det er det de sier i Napoli når noen er så lykkelig at de ser bare godhet og glede.
That is what they say in Naples when someone is so happy that he can only see well-being and glee.

Så jeg kunne ikke hjelpe noe for det og spurte om

hun ville ledsage meg på min planlagte tur til Sorrento og Capri neste dag.
So I couldn't help asking her if she felt like accompanying me on my planned visit to Sorrento and Capri the following day.

Faktisk, så brydde jeg meg ikke om det etter at jeg møtte Anna.
As a matter of fact, I didn't care much about it after I had met Anna.

Til spørsmålet mitt, etter litt nøling, så klart ikke på grunn av min ide, men grunnet den smale tidsplanen og litt forlegenhet – som hun senere innrømmet å ha følt – aksepterte hun.
At my question, a bit hesitating, of course not because of my proposal, but rather due to the tight schedule and a little embarrassment – which she later admitted to have felt - she accepted.

5) Jeg elsker deg Anna!
5) I love you, Anna!

På dette tidspunktet, kan jeg fortsette og prate som en turist, men jeg skal ikke – jeg skal ikke fortelle deg om de naturlige skjønnhetene jeg så i disse to flotte stedene.
At this point, I could keep on talking like a tourist, but I won't – I won't tell you about the natural beauties I saw in these two marvellous places. Instead, I want to let you now how it all ended.

Istedenfor, vil jeg at du skal vite hvordan alt endte. Begge turene varte en dag; det første reisemålet (Sorrento) kan nåes på cirka en time med et lite tog

kalt "circumvesuviana", fordi den følger et nesten rundt spor rundt den velkjente vulkanen.
Both tours last one day; the first destination (Sorrento) can be reached in about an hour with a small train called "circumvesuviana", because it follows a semicircular path around the well-known volcano.

Den lille byen Sorrento representerer en liten juvel på grunn av dens naturlige skjønnheter (sjø og fjell), mat og levestandard.
The small town Sorrento represents a small jewel because of its natural beauties (sea and mountains), food and standard of living.

Capri, til motsetning, kan nåes med sjøfly eller ferge.
Capri, on the other hand, is reachable by hydroplane or ferry.

Vi tok det sistnevnte, fordi den er saktere og har bedre utsikt.
We opted for the latter, as it is slower and more scenic.

Her, på dekket – ut i det fri (fordi det var kokvarmt) – mellom en kommentar, en beskrivelse av gulfen og et godteri, lot vi et kyss gli forbi, som nå er ikke bare en hendelse for oss, men representerer vårt kjæreste minne.
Here, on the deck – in the open then (because it was sizzling hot) – between a comment, a description of the gulf and a candy, we let a little kiss slip, which now isn't just a particular occasion to us, but represents our most beautiful memory.

Det betyr såpass mye at hun kommer for å besøke

meg i min hjemby Madrid om noen dager, og jeg kan ikke vente til å fortelle henne ansikt til ansikt hva jeg har skrevet til henne hver dag på epost i de tre månedene vi har vært fraskilt, det er: Te amo! (Jeg elsker deg!)
So much so that she is coming to visit me in my home town (Madrid) in a few days, and I can't wait to see her again and to tell her face-to-face what I have been writing her everyday via e-mail during our three months of separation, that is: Te amo! (I love you!)

6) Fatal attraction!
6) Fatal attraction!

Byen Napoli, som jeg ikke kjente og som jeg har lært å verdsette senere (i oktober), har lært meg mye fra det kulturelle, sosiale og menneskelige synspunktet.
The city of Naples, which I didn't know and which I have also learned to appreciate later (in October), has taught me a lot from the cultural, social as well as human point of view.

Å høre fra Anna merkelige historier, noen ganger med tragikomiske betydninger – typisk for en kultur med greske røtter, der hverdagsliv kombinerer med glede og bekymringer – oppdaget jeg en by som har ikke en parallell i denne verden.
Hearing (from Anna) peculiar stories, sometimes with tragicomic implications - typical of a well-rooted Greek culture, where everyday life combines itself with well-being, glee and bothers – I have discovered a city that has no parallel in the world.

Mange, når de dømmer og beskriver det, sier at kulturen ligner den spanske, og det kan være sant; at

den ser ut som land i Sør-Amerika, og dette kan også være sant.
Many, in judging and describing it, say the culture is similar to my Spain, and that may be true; that it looks like the countries in South America, and this may also be true.

Det kan være at jeg ser gjennom farget glass, men jeg tror at dette er en by som gjør at du føler deg glad og elsker livet.
It may be due to my view through coloured glasses, but I think that it is a city that makes you feel truly free and love life.

Jeg har faktisk forstått at kjærligheten – og ikke bare den jeg har for Anna inni meg – bor her, i en by hvor livet, til tross for alt, er vakkert og må verdsettes, også takket være disse flotte folkene, ofte feilaktig beskrevet som frekke og late.
I have actually understood that love – and not only the one for Anna I carry inside – lives here, in a city where life, in spite of everything, is beautiful and has to be appreciated, also thanks to these wonderful people, often erroneously described as rude and lazy.

Hvis du planlegger å organisere en tur til Italia og vil besøke kunstbyene, finnes det ingen tvil: Roma er vakker, verdt å besøke og å beundre.
If you are planning to organise a journey to Italy and you want to visit art cities, there are no doubts: Rome is beautiful, worth discovering and admiring.

Men for å oppdage en ny verden og dens skjønnheter, og for å virkeliggjøre dine barnedrømmer (akkurat som jeg gjorde), dra til Napoli og du vil finne

alt du mangler og alltid har søkt etter.
But to discover a new world and its beauties, and to realise one of your childhood dreams (just like I did!), go to Naples and you will find what you miss and always have been looking for.

NORWEGIAN

Et eventyr i La Tomatina

Mitt navn er Sean og jeg er 21 år gammel. Jeg er fra New York, men har bodd i Barcelona, Spania i 6 måneder. Jeg studerer spansk litteratur og er veldig heldig som får oppleve dette i Spania. Men noen ganger...gærne og morsomme ting skjer, slik som den jeg skal fortelle om i dag.

Jeg kom til Spania i mars, og har siden da bodd sammen med noen vennlige gutter og jenter, og deler en nydelig leilighet i sentrum av byen. Det er en fornøyelse å bo i sentrum av en slik nydelig by. Alt er veldig nærme, til og med universitetet. I denne leiligheten bor jeg med 3 romkamerater. Sara er fra Sevilla, hun er 26 år gammel og studerer arkitektur. Jose er fra Barcelona, han er 20 år gammel, studerer for å bli sivilingeniør og har en lidenskap for fotball. Og til slutt har vi Andrea, en jente fra syd-Frankrike. Hennes foreldre er spansk, hun studerer reklame og er også en flamenco-danserinne. Syntes ikke du det er utrolig? Vi kommer overens ganske bra og å bo med dem er veldig ukomplisert.

Kjenner du Barcelona? Det er en av de største byene i Spania og ligger nordøst i landet. Det er en by ved siden av havet, derfor har det det beste av en storby (diskoteker, store universiteter, butikker å handle i, restauranter, museer), men har alle fordelene av en spansk by som er nærme stranden i Spania (fint vær, sjøen, hundrevis av flotte strender). Også er Barcelona omringet av fjell på alle sider og er veldig nærme Pyreneene, de høyeste fjellene i Spania, hvor du kan stå på ski hele vinteren og om deler av våren. Det er et sted å være, er du ikke enig?

Våren passerer raskt i Barcelona. Jeg var veldig opptatt med studiene og om kveldene spilte jeg fotball med Jose og laget hans. I Spania er semesteret ferdig i juni. Jeg stod alle fagene mine med veldig gode karakterer. Nå hadde jeg hele sommeren foran meg, fullt med planer, nærme stranden og med mange venner å dele tiden min med. Attpåtil, i Spania, om sommeren, er det i vær landsby tradisjonelle og populære fester som jeg har hørt om, men mange av dem var veldig merkelig i mitt syn og jeg forstod dem ikke så bra.

Min venn Jose ringte meg en dag i juli og inviterte meg til en fest i en landsby i Valencia som fant sted i august. Han sa at det var den største festen som jeg noen gang har vært på i livet mitt og at jeg kunne ikke gå glipp av det. Jeg spurte ham: Hvorfor er denne festen så spektakulær? Men han...sa ikke et ord! Ha sa at det skulle være en overraskelse for meg og at han ville bare fortelle meg navnet på festen. Festen var kalt...Tomatina.

Så klart, nå til dags finnes det mange nettsider og steder der jeg kan få informasjon om den mysteriøse 'La Tomatina', men min venn tvang meg til å love å ikke gjøre noen forskning om det. Jose kjøpte to bussbilletter and tok dem med hjem. Det er slik jeg lærte at den landsbyen der vi skulle til og hvor festen fant sted het 'Buñol'. Endelig visste jeg noe mer om den mysteriøse sommerfesten som jeg skulle til! Men Buñol var en veldig liten landsby i midten av Valencia. Hva slags 'storfest' kunne foregå i en slik liten landsby? Mysteriet fortsatte.

En uke før festen forklarte Sara, romkameraten min,

hva 'tomatina' betydde. 'Tomatina' var noe som lignet en liten tomat. Hva handlet denne festen om? En fest om å se etter den minste tomaten i verden? For et rot! Som du kan forestille deg, på det tidspunktet så jeg frem til å feste, men på samme tid tenkte jeg...hvor i helvete er jeg på vei?

På 'Tomatina'-dagen våknet vi tidlig...kl 3 om morgningen! Vi hadde frokost ganske kjapt og skyndte oss ned til busstasjonen. Det var mange unge studenter som oss, hundrevis og hundrevis, ventende på busser til Buñol. Vi satt oss ned for å vente på bussen vår og jeg kunne snakke med en jente fra Frankrike. Hennes navn var Anne og hun fortalte meg at Tomatina var den beste festen hun noen gang hadde vært på i livet hennes. Og at denne...var det tredje året på rad at hun reiste til Bunos for å være der for Tomatina. Jeg snakket med Anne en stund.

Hun snakket ikke spansk og engelsken hennes var veldig rar – hun hadde en veldig morsom fransk aksent når hun snakket engelsk – men hun var veldig snill. Og hun var veldig vakker, blond, med lys hud og grønne øyner. Men, vi måtte avslutte praten, fordi hennes buss var nr 18 og min var nr 8. Så synd! Syntes ikke du? Bussen var allerede en stor fest. Den var full av unge folk som ville feste. Alle sang sanger (på spansk, jeg forstod ikke så mye, de var veldig vanskelige) og drakk sangria for å unngå heten på dagen. Men turen var så lang! Vi trengte mer enn fem timer for å komme frem til den berømte Tomatina!

Til slutt kom vi frem til Buñol. Det var tusenvis av folk! Alle var veldig glade og mange av dem hadde på seg svømmebriller, svømmebukser, shorts, sandaler, vanntette hatter...Hva var alle disse tingene for? Vi gikk, litt etter litt, inntil vi kom frem til midten av landsbyen, som var nesten fullt av folk. Plutselig begynte musikken og folk begynte å danse overalt. Var dette Tomatinaen? Det virket ikke så spektakulært for meg...Jeg innså at musikken kom fra svære lastebiler. På disse lastebilene var det folk som kastet noe mot folkemengden på gaten. Hva var det? Noe rødt og rundt...det virket som...det var tomater! Akkurat da begynte jeg å le. Min venn Jose sa til meg: Så, hva syntes du? Jeg kunne ikke vær gladere!

Det var gærnt, tenk: tusenvis av folk som ler, hopper, danser og kaster tomater på hverandre! Litt etter litt ble alt rødt og alle hadde det veldig gøy. Tomatinaen begynte tidlig og varte hele morgningen! Til slutt var jeg dekket av tomater fra topp til tå. Jeg var rød som om jeg var en tomat selv. Til og med hvis ikke du tror meg, er det absolutt sant. Vet du hva den beste delen var? Når alt tok slutt, holdt folk seg i gatene, musikken stoppet ikke og festen fortsatte! Det er derfor vi ble hele dagen, spiste en typisk rett fra Valencia, paella, og drakk en typisk drink, sangria.
Rett etter lunsj bestemte vi oss for å gå en tur gjennom landsbyen. Når vi kom frem til hovedtorget så vi den siste overraskelsen for dagen...Anne var der! Vi gikk opp til henne og hun introduserte oss for vennene hennes. På det tidspunktet begynte festens dansing, og vi alle danset sammen og fortsatte å prate. Vi hadde masse moro, og jeg tror at det var begynnelsen på et flott vennskap...Nå går Anne og jeg til alle festene sammen og jeg tror at veldig snart skal jeg be henne ut på kino en dag...Fra nå av, hvis alt går bra, vil Tomatinaen være mer enn en stor fest, det vil også være et sted hvor en kan finne kjærlighet. Hvem vet?

Spise-eventyr i Spania

Har du noen gang vært i Spania? Det er et flott land. Mitt navn er Sarah Jones og jeg er 39 år gammel. Jeg har bodd i London i to år nå, men jeg var heldig nok som fikk studere i Spania i et par år. Jeg jobber for en stor engelsk bank og jeg studerte økonomi på universitetet. Jeg er gift, men jeg har ikke noen barn ennå. Min mann heter Marcos Sanchez, og jeg møtte ham, som du kan forestille deg, i Spania.

Jeg var tyve år gammel og hadde hele sommeren foran meg, før jeg begynte mitt første kurs med økonomi-studiene i Spania. Så jeg bestemte meg for å bli med min beste venninne, Anne, for å nyte vår siste sommer sammen i vårt ny-adoptert land. Min beste venninne Anne ville studere i Australia det året, så vi kommer til å være på motsatt side av kloden. Anne studerte medisin. Nå er hun en dyktig lege og jobbe i USA.

Om sommeren i Spania er det veldig varmt nesten overalt, så du kan nyte stranden eller svømmebassenget, gå ut om kvelden, danse i diskotekene...med andre ord: det var en ideell destinasjon og en ideell plass å reise til for to bestevenninner. Attpåtil, hotellene, herbergene og leilighetene var veldig billige i Spania, og vi har jobbet gjennom hele året og spart opp for å kunne ta ferien sammen. Vi planla å reise i tre måneder gjennom Spania, langs kysten, fjellene, de store byene, de minste landsbyene og å bli kjent med festivalene...vi ville ganske enkelt ikke gå glipp av noe!

Så snart vi kom frem, begynte vi å utforske, hadde masse moro og nøt hvert inntrykk. Vi landet i Madrid, den spanske hovedstaden, hvor vi bodde på et lite herberge i byen, rett ved siden av Prado museet. Hvis du liker kunst og du reiser til Spania, må du ikke gå glipp av Prado museet! Med alle maleriene av Velazquez, El Greco...veldig imponerende.

Etter vår første spasertur gjennom et sånt stort museum og i gatene i sentrum, var vi veldig sultne. Det var tid å smake på, for første gang, hva vi hadde alltid hørt var nydelig: spansk mat. Hvor skulle vi begynne? Hva ville ordentlige tapas smake som? Og paella? Rettene virket veldig fremmed for oss, vi visste ikke hva som stod på menyen, men maten så veldig lekker ut, og bildene av maten virket veldig spennende.

Vi gikk til en restaurant som var veldig livlig. Det var mange unge gutter og jenter som drakk and hadde 'tapas', vi likte den veldig avslappende atmosfæren. Det var spanske folk, men også turister fra overalt i verden. Anne og jeg satt oss ned og bestemte oss for å bestille et par krukker med 'sangria', en drink som folk hadde anbefalt oss. Vi var veldig tørst fordi det var så varmt. Sangria er en nydelig drink, som er laget av vin, sitron, ferske frukter, kanel...I hvert hus og i hver bar varierer ingrediensene og proporsjonene. Jeg tror at om sommeren kunne vi smake omkring tre hundre forskjellige oppskrifter på sangria...og alle sammen var veldig gode! Derfor anbefaler jeg deg å prøve det, hvis du reiser til Spania. Men, sangria inneholder alkohol, så vær forsiktig med det. Det fine er at det er mange plasser som tilbyr sangria uten alkohol, og det er enda bedre!

På det tidspunktet fikk vi vår første tapas. Først fikk vi servert noe kalt 'croquetas'. Jeg vet egentlig ikke hvordan jeg skal beskrive hva dette er. Det er en varm rett, stekt og fylt med en deilig krem av sylte, ost, kjøtt...det er tusenvis av kombinasjoner! Etterpå ble olivene servert. Olivenolje er laget av olivener, men i Spania spiser de dem også rå, med olje, eddik, hvitløk og krydder. Vi likte vår første tapas veldig godt. Men turen vår fortsatte og vi fortsatte med å prøve andre retter av spansk mat. En av de mest overraskende rettene for oss var den berømte paellaen. Vet du hva en paella er?

Vi kom frem til Valencia, hvor vi bodde på en leirplass ved siden av stranden. Vi leide en bil for ferie vår på stranden, og kom frem etter et par times kjøring, veldig sultne, til stranden. Det var en 'chiringuito', som er en bar i sanden – veldig populær i Spania. Og på chiringuitoen er spesialretten paella. Så, Anne og jeg ventet ikke lenger og vi bestilte en paella for to. Paellaen er en gul risgryte-rett som spises varmt. Risen er veldig god, og kommer vanligvis med all slags ekstra. For eksempel, grønnsaker eller kylling, men også sjømat. Noen av dem har jeg aldri prøvd før, slik som krabbekjøtt. Du kan like eller ikke like paella, men hvis du reiser til Spania burde du smake den.

Som vi oppdaget litt etter hvert var det noen ganger et eventyr å spise i Spania. For eksempel, en dag i nord-Spania bestilte vi en tapa av en ting kalt 'callos'...jeg vet ikke hvordan til å forklare hva det er for noe, men det er et slags svinekjøtt som jeg ikke likte i det hele tatt, fordi det var så...viskøst. En annen dag, i byen Burgos, som har en flott katedral, spiste vi morcilla, som er en slags svart krydret pølse laget av svineblod.

Som du ser, i Spania spiser de mye forskjellige ting... og ganske rare ting hvis du er utenlandsk! Noe fra grisen som vi elsket var spansk skinke. I Spania spises det mye svinekjøtt, men spesielt denne vil jeg anbefale...så godt! Det morsomste skjedde oss i en landsby hvor vi ble servert en tapa av...snegler! Ja, akkurat, snegler...vi ante ikke hvordan vi skulle spise dem! Anne, som er mye modigere enn meg, prøvde... men uten god resultat. Det var for mye for vår norske ganer, så vi spiste ikke sneglene.

Spania er et land full av nydelige, rare retter...som er veldig morsomme hvis du oppdager dem med vennene dine eller familien din på din neste ferie. Jeg er sikker på at etter du smaker dette og andre retter, vil du ha tusenvis av historier å fortelle når du er tilbake!

Å bli forelsket i Venezia

1) Maria og Sandro, en avsluttet kjærlighet

Etter å ha tatt litt tid vekk fra sjekking etter bruddet med Sandro, begynte jeg å nyte livet igjen, og jeg er enda mer inspirert enn før! Etter to år i et forhold, der vi snakket til og med om å bli gift, gikk kjærligheten vår på grunn. Kanskje du vil vite grunnen. Jeg skal fortelle deg nå!

2) Hvorfor vi slo opp

Foreldrene hans var våre gjester i det huset vi eide i Venezia, på lagunen, hvor vi hadde bestemt oss for å bo etter bryllupet. De hadde vært med meg i 3 dager og de feiret jul med oss. De dro 2. januar (takk og pris!) tilbake til hjembyen, Verona.

Det hele begynte med en krangel startet av moren hans, Paola, som insisterte på at bryllupet skulle feires i byen deres, der Sandro var født. Faren hans deltok ikke i diskusjonen, men i stedet for prøvde han å fange blikket mitt slik at jeg forstod at han delte ikke hans kones meninger, noe han bekreftet til meg like etterpå. Jeg skal ta vare på dette som en av mine vakreste minner, fordi jeg forstod at han var oppriktig og at akkurat da kanskje han også ville ha åpnet vinduet og latt hans kone tatt et lite bad i det iskalde vannet i lagunen.

Faktisk så forstyrret krangelen kjærlighets-idealen mellom meg og Sandro, som ikke støttet meg (kanskje pga for mye kjærlighet til moren) og til og med skjente på meg for å heve stemmen min ovenfor hans kjære mor. Neste dag, når han ble med foreldrene hans til Verona, forstod jeg allerede da at vår kjærlighets-drøm var forsvunnet. Jeg tok ikke feil.

Kanskje presset av hans mor, ringte han ikke meg på tre dager og jeg tenkte ikke på å ringe han engang. Etter en uke, ringte han meg for å si at kanskje det var best for alle sin del å sette til side alle våre prosjekter. Min verden falt fra hverandre og jeg, mellom sinne og skuffelse, trakk meg tilbake til min ensomhet, og sverget til meg selv at jeg ville aldri forlove meg igjen! Kjærligheten mellom oss var ferdig...for alltid!

3) Nytt møte

Marco gikk ved siden av Claudia (søsteren hans) og hennes forlovede (broren min). Vi var på vei til Rialto broen for å feire Claudias graduering (i jus), og han tok oss ut på lunsj på en restaurant hvor en av vennene hans jobbet. Når vi kom inn, tok han øyeblikkelig et sete ved siden av meg ovenfor de to forlovende. Han tok med en bukett med røde roser og en med cyclamen med seg. På bordet la han rosene med en hilsen til søsteren hans og sa med en gang: «Og denne er til deg». Etter lunsj satt vi ved et bord nærme siden for å ha en kopp kaffe.

I mellomtiden hadde den generelle oppmerksomheten flyttet eksklusivt over til meg, vi snakket (broren min ved det første) om slutten på forholdet med Sandro og min sinne rettet mot menn. Jeg følte at jeg ble spurt ut, så jeg tok sjansen til å utrykke min sinne, men uten å overdrive – også for ikke å gjøre Marco flau, som var interessert i meg, og det hadde jeg forstått fra det første. Og, for å være helt ærlig, var jeg veldig glad for det.

4) En stilig og oppriktig type

I mellomtiden kom kvelden og de første lysene var synligepå lagunen og belyste denne unike strekningen av vann, som bare vakre Venezia kan tilby. Å være til stede for dette synet er ekstremt følelsesladet, ikke bar for turister, men også for alle Venezianere som bor i byen. Det var trist for meg å tenke på den kjærligheten jeg ikke følte lenger og som jeg trodde jeg hadde mistet for alltid. På dette tidspunktet, forvirret men glad, gikk jeg hjem.

Neste dag hørte jeg noen som ringte på dørbjellen, jeg trodde det var naboen eller postmannen, men hvem fant jeg isteden? Marco! Han hadde en bukett med roser bare til meg (blå denne gangen), var enda mer elegant kledd enn dagen før og hadde en forskjellig hårfrisyre (rett med hårgele), en veldig raffinert en. Denne handlingen rørte meg så mye, og jeg nølte ikke med å kysse ham mykt på kinnet.

5) Den kvelden på Lidoen

Et nytt vennskap ble født med Marco og en kveld førte den oss (med hjelp fra min bror, den lille skurken, og hans super-morsomme Claudia) mot Lidoen av Venezia, et annet sted enn lagunen, men geografisk sett en del av det. Det er den ikke-turistaktige Venezia, det vil si den delen der de fleste Venezianere bor, med restauranter, diskoteker, barer, stranden (om sommeren) og butikker fra viktige motemerker.

Den kvelden også, var hans sjarm og subtilitet ikke

benektet: han møtte opp i en mørk blå jakke og slips med to røde roser, en for meg og en for Claudia...Vi skulle ut på middag om en stund. Faktisk så rørte noe meg allerede, og jeg var tiltrukket av ham, men jeg kunne ikke finne ordene til å uttrykke min glede, til og med når mine øyne bedro meg and han merket det. Mens de to turtelduene satt fortsatt ved bordet, inviterte han meg med en unnskyldning opp til terrassen av restauranten; mens vi så på solnedgangen, snudde han seg mot meg, smilte, og bøyde seg ned og kysset meg intenst. Fra den dagen, har Marco vært min store kjærlighet.

6) En magisk dag

Det var den lykkeligste dagen i livet mitt! Om sommeren valgte vi Lidoen i Venezia for våre ferier, fordi den representerer et spesielt sted for oss, hvor vår lidenskap blomstret og hvor vi feiret, hvor jeg gråt (denne gang av kjærlighet og lykke i motsetning til skuffelse), hvor vi spiste og drakk sjampagne på stranden, etterpå så...til denne dag i dag (vi skal bli gift neste år) har alt vært absolutt magisk!

Et kyss i Firenze

Jeg drar dit for å studere kunst og finner den store kjærligheten!

1) En tur til Firenze for å studere kunst

De sier at Paris er byen for romanse og elskere, men jeg er ikke helt enig! Jeg, i stedet for, har funnet den ekte kjærligheten i livet mitt i Firenze. Jeg hadde akkurat kommet frem til Italia for mine studier som en kunst-restaurerer. Jeg skulle bruke et helt skoleår i byen og jeg var veldig glad i ideen om å fordype meg i et nytt språk og kultur.

Faktisk så visste jeg ikke hvor denne erfaringen ville føre meg, siden det var mitt første lange opphold i et fremmed land etter at jeg fikk utdannelsen min i Melbourne. En av mine lidenskaper, bortsett fra kunst, er synging, og jeg ville benytte anledningen for å bli kjent med denne verdige kunsten bedre i Verdis og Herr Volares land også. Skolen min organiserte ofte konserter for å gjøre operaen kjent, spesielt den italienske, som integrere seg selv perfekt med den artistiske og byggverk konteksten, dersom mange verk var komponert for kirker og akademier. For meg, var dette en flott anledning til å møte folk på min alder.

2) Møtet

Så snart jeg kom frem til Santa Maria Novella togstasjon, forstod jeg at snart ville noen bli en viktig del av livet mitt. Det første jeg merket ved ham den dagen foran akademiet var at han var høy, men det som virkelig fanget oppmerksomheten min var hans lange svarte hår og hans mørke øyne. Jeg spurte ham, klumsete, om jeg var på det riktige stedet og han forsikret meg om at jeg var, men han sa at konserten ville ikke finne sted den dagen, pga en streik mot regjeringen grunnet kutt i penger til kultur. Mens han pratet til meg, surfet han på laptopen sin. Men den korte dialogen var – for begge to – en unnskyldning for å prate, og senere fant jeg ut at jeg hadde kommet inn i en hyggelig vennegjeng som, slik som meg, studerte og elsket klassisk musikk.

Faktisk, etter en stund kom først ett par, deretter kom to karer, en små-neset jente med brunt hår og en høy, slank korthåret gutt. På et blunk, fra å være alene fant jeg meg selv med en liten gruppe med veldig hyggelige venner. Vi sa ha det til hverandre etter en stund, og lovte at vi skulle treffes neste tirsdag for å endelig gå på konserten. Men nå måtte jeg komme meg hjem og begynne å planlegge studiene.

3) Min kjære Roberto!

På en lørdagsmorgning, mens jeg ventet på bussen som ville føre meg fra kunstakademiet til Rivoli, hvor jeg bodde, hørte jeg noen rope navnet mitt: «Jenny! Jenny!» Jeg snudde meg og så den kjekke mannen som hadde snakket med meg og vennene hans forrige tirsdag, foran musikkakademiet. Han pratet med vennene hans og spiste en pose potetgull. Jeg gikk nervøst nærmere han som, med uten for mye nøling, inviterte meg til å dele potetgullet hans. I mellomtiden hadde vennene hans sagt ha det og vi var alene, så vi bestemte oss for å ta en spasertur i det historiske senteret av Firenze.

4) Alt på grunn av Cupid!

På den dagen hadde vi vår første ekte samtale og til slutt, når vi skulle begge hjem, avbrøt han meg og sa «Vel, jeg har hatt anledningen til å treffe en flott jente!». Rett etterpå sa vi ha det på den tradisjonelle italienske måten, med et kyss på begge kinnene. Jeg trodde at jeg ville aldri se ham igjen, men en vakker dag kom tiden for en konsert i Vecchio-palasset. Dette er et fantastisk hus fra renessansen, det tilhørte Medici-familien og huser nå bystyret. Bygningen er absolutt fantastisk og alle de lokale politikerne går dit nesten hver dag for å ordne med spørsmål om felleskapet.

Vi traff etter konserten, ettersom jeg satt i den første rekken og han satt i den siste. På det tidspunktet spurte han meg hva jeg hadde planlagt for resten av dagen. Når jeg sa at jeg skulle gå på lunsj i sentrum spurte han om jeg ville ha lunsj med ham. «Så klart!» svarte jeg. Vi spiste veldig godt på en enkel restaurant og etter at vi kom ut av trattoriaen tok vi en spasertur ved bredden av Arno-elven, som renner gjennom denne fortryllende og romantiske byen.

Den beste delen (uforglemmelig for meg) var når vi stoppet på Ponte Vecchio for en stund og beundret utsikten over elven. Da, rett etterpå, tok vi et bilde sammen med det vidunderlige Florentina-landskapet i bakgrunnen. På slutten av denne flotte dagen fulgte han meg hjem og, mens han så meg i øynene, tok han farvel med en enkel 'Ciao' og et kyss på kinnet. Cupids pil har truffet!

5) En uforglemmelig dag

Et par uker senere gikk jeg til avslutnings-seremonien til en venninne jeg traff i Firenze, og hvem traff jeg der? Roberto! Det var et vidunderlig øyeblikk, men vi ville dessverre ikke kunne treffes igjen for en stund på grunn av juleferien (jeg måtte dra hjem i en måned). Jeg hadde en måned med familien min, men jeg måtte tilbake til Firenze i januar. På 1. juledag sendte han meg en søt epost der han skrev at han elsket meg og at han ventet på min retur til Firenze.

Jeg tenkte ikke på ham lenger (eller jeg prøvde å ikke gjøre det) men ordene hans hadde satt et dypt spor i mitt hjerte!

6) Kjærlighetens triumf!

Endelig i januar (det var dagen etter epifani) hentet han meg på Firenzes togstasjon og han hadde med en presang. Det var en stor godteri-formet eske med sjokolader inni. Vi ble enige da om å spise middag sammen samme kveld for å feire vårt nytt møte. Mot slutten av kvelden kom tiden for å reise hjem, men før det satt vi på en lav mur ved elvebredden og snakket igjen i en lang stund sammen. Jeg hadde på meg en blå kjole og han sa at den var veldig fin. Jeg takket ham for det og, uten å nøle, lente han seg frem og kysset meg på leppene.

Fra den dagen var vi sammen for resten av semesteret og vårt forhold varer fortsatt, til og med når vi bor i to forskjellige land. Vi tenker til og med om å bli gift, men vi skal organiser bryllupet bare etter at vi har bestemt oss for hvor vi skal bo - i mitt land eller hans? På dette tidspunktet, hva kan jeg si? Er det en drøm? I så fall, vær så snil og ikke vekk meg!

De rare butikkene av Spania

Mitt navn er Martha og jeg er førtito år gammel. Min mann Stephen og jeg bor i en liten landsby i 'Midwest' i USA. Vi har vært gift i tyve år og har to barn. Vår datter Sarah er fjorten år gammel og vår sønn John er ni år gammel. Vår familie har blitt velsignet med kjærlighet, lykke og veldig gode stunder, spesielt i våre reiser. Barna går fortsatt på skolen, og jeg jobber deltid i et advokatfirma. Mannen min driver sitt eget bilhandel-firma, og han har forskjellige butikker i forskjellige land.

Helt siden Sarah og John var veldig liten, har Stephen og jeg fått dem vant med reising. Å reise har alltid vært lidenskapen vår! Før vi fikk barn, reiste vi til Vietnam, Sør-Afrika, Kina...de mest eksotiske landene var favorittene våre. Men når vi fikk barn ble reising litt mer komplisert, og vi begynte å velge nærmere reisemål: Canada, Mexico, og så klart, Europa. Det er veldig vanskelig å bestemme seg for hvilket land å besøke i Europa: alle har så mange attraksjoner!

Vi har reist til Frankrike og Storbritannia noen ganger, men Stephen ville dra til Spania og reise tvers over dette landet, som virker litt mysteriøst for mange amerikanere, med de mange kuriositetene, slik som flamenco og tyrefekting. Så, to år siden tok vi en beslutning og planla en stor familietur til Spania, med barna så klart, som ga oss mange ideer om hva de ville besøke der. Vi planla reisen i nesten seks måneder, kjøpte flybilletter, togbilletter, billetter for attraksjonene i de forskjellige byene...Vi ville at alt skulle være planlagt og unngå at noe skulle gå galt! På begynnelsen av august flydde vi til Madrid, og etter tolv timer med forskjellige flyvninger var vi endelig fremme i Spania!

Vi hadde en hel måned foran oss til å oppdage det fascinerende landet men tusen år med historie. Det første vi innså var at vi hadde forberedt alt veldig nøye, men uten å ta hensyn til at det skulle vær så varmt i Madrid. Derfor, det første vi gjorde var å kjøpe solkrem. Og der begynte vårt shopping-eventyr i Spania. Spania og USA er veldig forskjellig med hensyn til shopping. I vårt land kan du gå til et apotek og handle alt, fra medisiner til sjampo. Men i Spania er det ikke slik. Og, i apotekene...generelt sett... selger de bare medisiner! Så det tok nesten en hel morgen med å gå til en, to, tre, uendelig apotek før vi innså, fordi en jente forklarte det til oss, at vi måtte gå til en 'drogueria' for å kjøpe det. Etterpå, så vi i ordboken at 'drogueria' betyr 'apotek'. Vi fant endelig frem til en og kjøpte solkremen vår.

Etter et par dager i Madrid, hvor vi besøkte det fantastiske Prado-museet, fordi jeg elsker kunst, men også Santiago Bernabeu-stadion (fordi sønnen min er fotballgal), dro vi til Barcelona. Det er den andre største byen i Spania og ligger ved Middelhavet, det er en vakker by! En av de tingene vi likte mest var en spesiell type bar som eksisterer bare i Spania (så vidt jeg vet): chiringuito. Hva er chiringuito? Det er en bar som ligge på stranden, i sanden, hvor du kan bestille alt fra en kaffe til en cocktail om kvelden, men også en nydelig paella eller en øl. Syntes ikke du at disse alt-i-ett stedene er fantastiske? I Barcelona tok vi mange turer til stranden og Montserrat-fjellet, veldig nærme byen, og for turene våre hadde datteren min den flotte ideen om å lage smørbrød...Så klart, i Barcelona finnes det supermarked slik som i resten av Spania, men vi elsket å finne de spesielle butikkene for de forskjellige varene. For eksempel, hvis du vil kjøpe kjøtt på turen din i Spania, let etter 'carniceria', dette er en kjøttbutikk. Attpåtil, finnes det 'charcuterias' som er stedet der pølser er solgt.

Frukt og grønnsaker finner du i en 'fruteria', med andre ord, fruktbutikken. Også finnes det 'panaderias' for brød, 'pescaderias' for fisk...Så klart, i statene finnes det også slike butikker. Forskjellen med USA er at de spanske butikkene har disse artige navnene og at de finnes vanligvis I 'mercadoen' (marked) eller i områdene rundt det.

Det er veldig artig å dra til mercado'en om morgenen, når alle de spanske husholderne er der også og du kan nyte deres råd og anbefalinger...de er veldig snille! Etter Barcelona bestemte vi oss for å besøke nord-Spania. Vi brukte et par dager i Santiago de Compostela, det stedet hvor St James stien slutter. En veldig spirituell by. En veldig merkelig ting er at i Spania finnes det mange typer kirker med alle slags navn: katedral, basilikk, hermitage...Dette er pga den lange kristne historien og tradisjonen som landet har. Og fra der, dro vi til en nærliggende landsby i Asturias. Alt var veldig grønt, veldig levende, fullt med skoger og kyr, som produserer noe av den beste melken i Europa. I Asturias oppdaget vi et annet merkelig sted, sidreriaen. Sidreriaen er en bar der hovedsakelig sidra (sider) drikkes, an alkoholisk drikke som er laget av...epler! Den er søt og veldig frisk, men du må drikke den med forsiktighet, dersom den inneholder alkohol.

I sidrerianene er det noen tapas og noe å spise, men med veldig liten varietet, der er hovedtilbudet sidra.

Fra Oviedo, hovedbyen i Asturias, reiste vi med fly til den sydlige delen av landet, fordi vi ville ikke gå glipp av to historiske og kulturelle juveler i Spania: Sevilla og Granada. I disse to andalusiske byene oppdaget vi ikke bare det mest imponerende bygningene og plassene, men også noen virkelig rare butikker og steder. For eksempel, i Sevilla, var det utallige butikker som solgte flamenco utstyr, med kjoler, sko, 'peinetas', 'mantones', hatter for menn, jakker...

For å oppsummere, alt vi ser på flamenco-dansere, men det er også klær som er brukt i 'ferias', en stor årlig fest som feires i mange andalusiske byer. Vår erfaring ved å oppdage flotte steder i Spania var utrolig, men å bli kjent med de butikkene med de artige navnene, hvor de selge bare en type produkt, var veldig morsomt! Vi lærte mye spansk i den måneden i Spania takket være disse oppdagelsene, og jeg håper at du også har lært fra vår historie.

Anna og meg

En reise til Italia, hvor jeg møtte jenten jeg har drømt om

1) Et utrolig land!

Hjemstedet til den flotteste klassiske kunsten, de mest ettertraktede motemerker, masse mat, og landet av kjærlighet – Italia er en drømmedestinasjon for alle som planlegger en tur gjennom Europa. Beriket med utallige gamle ruiner, gotiske bygninger, bysantinske templer og middelalderske slott, Italia gir uttrykk fra betydelige historiske perioder som det Romerske Imperiet og Renessansen. Når vi snakker om italiensk mat, som er godt likt overalt i verden, fra ordentlig pizza til smakfulle desserter, kan du ikke gjøre annet enn å fråtse i det. Italia er der jeg har brukt en periode (hele måneden av August), hvor jeg hadde anledningen til å besøke de viktigste kunstbyene, inkludert Roma og Napoli.

2) Min personlig erfaring

Min historie er formet av to hovedfaktorer: beundrelsen for dette flotte landet og alle vakre ting i den, ikke bare i henhold til naturen, men også til dens kvinnelig beboere. Faktisk, når jeg kom frem til Flumicino internasjonal flyplass og når jeg tok toget til Roma Termini (sentralstasjonen), kunne jeg beundre mange vakre jenter – og jeg har aldri sett så mange på en gang. Med tanke på dette skal jeg fortelle deg om min eneste og største erobring, som jeg fortsatt er sammen med og med hvem, for å si sannheten, jeg er stormforelsket i. Roma er hovedstaden i Italia og tilbyr tusen år med historie. Den viktigste severdigheten for meg, bortsett fra det legendariske Coliseum eller de arkeologiske stedene, er St Peters Cupola.

3) Her kommer Anna!

Her møtte jeg den jenten jeg har fortalt deg om. Hun heter Anna og bor i Napoli, syd i Italia – et fantastisk sted, som du vil se. Det regnet den dagen, og hun var veldig snill og tilbød meg en tur under paraplyen hennes, opp til billettkontoret hvor du kan kjøpe billetten til å besøke Cupolaen. Ventingen før inngang (som skjer i grupper) tillot at vi stod nærme hverandre i lang tid, nok til å bli informert om navnene våre og hvor vi kom fra. Når vi kom frem til toppen (ikke uten anstrengelse takket de mange bratte og smale trappene) beundret vi den evige byen og vi tok vakre suvenirbilder.

Resultatet var at vi møttes om kvelden, hadde middag på en liten restaurant med en turistmeny og tok en spasertur ved bredden av Tevere-elven, som har alltid delt byen i to. Når vi tok farvel, bestemte vi oss for å møtes i hjembyen hennes (Napoli), fordi programmet mitt inkluderte et tur til de nærme og velkjente stedene Sorrento og Capri. Jeg ville komme frem til byen hennes to dager senere, mens hun ville allerede være hjemme neste morgningen. Den kvelden lå jeg våken og gjorde ikke annet enn å tenke på henne, hennes søte nese, de mørke krøllene og det flotte smilet hennes.

4) Min vakre Napoli!

Etter nytelsen av 'ekte' pizza i hennes Napoli, hvor det er mulig å bruke en hel dag på å besøke hvert slags sted, blant statuer, slott, kirker, museer og de to hovedgatene (kalt øvre og nedre decumano) – som er noe vi naturligvis gjorde sammen – var mine øyne fullstendig dekket av skinke. Det er det de sier i Napoli når noen er så lykkelig at de ser bare godhet og glede. Så jeg kunne ikke hjelpe noe for det og spurte om hun ville ledsage meg på min planlagte tur til Sorrento og Capri neste dag.

Faktisk, så brydde jeg meg ikke om det etter at jeg møtte Anna. Til spørsmålet mitt, etter litt nøling, så klart ikke på grunn av min ide, men grunnet den smale tidsplanen og litt forlegenhet – som hun senere innrømmet å ha følt – aksepterte hun.

5) Jeg elsker deg Anna!

På dette tidspunktet, kan jeg fortsette og prate som en turist, men jeg skal ikke – jeg skal ikke fortelle deg om de naturlige skjønnhetene jeg så i disse to flotte stedene. Istedenfor, vil jeg at du skal vite hvordan alt endte. Begge turene varte en dag; det første reisemålet (Sorrento) kan nåes på cirka en time med et lite tog kalt "circumvesuviana", fordi den følger et nesten rundt spor rundt den velkjente vulkanen.

Den lille byen Sorrento representerer en liten juvel på grunn av dens naturlige skjønnheter (sjø og fjell), mat og levestandard. Capri, til motsetning, kan nåes med sjøfly eller ferge. Vi tok det sistnevnte, fordi den er saktere og har bedre utsikt. Her, på dekket – ut i det fri (fordi det var kokvarmt) – mellom en kommentar, en beskrivelse av gulfen og et godteri, lot vi et kyss gli forbi, som nå er ikke bare en hendelse for oss, men representerer vårt kjæreste minne. Det betyr såpass mye at hun kommer for å besøke meg i min hjemby

Madrid om noen dager, og jeg kan ikke vente til å fortelle henne ansikt til ansikt hva jeg har skrevet til henne hver dag på epost i de tre månedene vi har vært fraskilt, det er: Te amo! (Jeg elsker deg!)

6) Fatal attraction!

Byen Napoli, som jeg ikke kjente og som jeg har lært å verdsette senere (i oktober), har lært meg mye fra det kulturelle, sosiale og menneskelige synspunktet. Å høre fra Anna merkelige historier, noen ganger med tragikomiske betydninger – typisk for en kultur med greske røtter, der hverdagsliv kombinerer med glede og bekymringer – oppdaget jeg en by som har ikke en parallell i denne verden.

Mange, når de dømmer og beskriver det, sier at kulturen ligner den spanske, og det kan være sant; at den ser ut som land i Sør-Amerika, og dette kan også være sant. Det kan være at jeg ser gjennom farget glass, men jeg tror at dette er en by som gjør at du føler deg glad og elsker livet. Jeg har faktisk forstått at kjærligheten – og ikke bare den jeg har for Anna inni meg – bor her, i en by hvor livet, til tross for alt, er vakkert og må verdsettes, også takket være disse flotte folkene, ofte feilaktig beskrevet som frekke og late.

Hvis du planlegger å organisere en tur til Italia og vil besøke kunstbyene, finnes det ingen tvil: Roma er vakker, verdt å besøke og å beundre. Men for å oppdage en ny verden og dens skjønnheter, og for å virkeliggjøre dine barnedrømmer (akkurat som jeg gjorde), dra til Napoli og du vil finne alt du mangler og alltid har søkt etter.

Recommended Books

Other similar books we recommend are from the publisher Redback Books:

Learn Norwegian - Bilingual Book
The Life of Cleopatra, by Redback Books

Learn Norwegian - Bilingual Book
The Adventures of Julius Caesar, by Redback Books

If you have a suggestion which other books are similar to our Parallel Text series and are worth recommending to other readers, please share by sending us an email at book@paralleltext.eu. Thank You!

Printed in Great Britain
by Amazon